读客文化

好的孤独

孤独藏有巨大的精神力量，
找到它你就可以脱胎换骨。

复旦名师 哲学博士

陈果 著

江苏凤凰文艺出版社
JIANGSU PHOENIX LITERATURE AND
ART PUBLISHING, LTD

001　　自序：我为什么要写书？

Part 1
生命可承受之"重" / 001

003　　真诚，才显真爱

003　　有没有"善意"的谎言？

005　　"自欺"源于人性的弱点

006　　与心中的"魔鬼"作斗争

008　　真诚，何尝不是一种自爱

011　　每一个重负背后都藏着一个恩赐

011　　西西弗斯的巨石

014　　在"不安"的皮鞭下

017　　三毛与尼采

019　　C' est la vie（这就是生活）

023　　孤独时，我们才会和自己对话

023　　孤独≠寂寞

024　　孤独：自然界最古老的真相

027　　孤独不可耻

028　　距离之美

029　　挤掉的敬意

031　　自成一片世界

033　　思想使独处其乐无穷

035　　享受孤独

目　录

contents

Part 2
换一种看法，便是换一种活法 / 037

039 怎样的人生才算成功？

039 我为什么而活？

041 "自我错位"：其实我不懂我的心

043 你说的"成功"，是"成就外功"还是"成就内功"？

051 最高的成功，莫过于内心的幸福

054 风度不是造作，而是内在气度的自然流露

054 风度透露了你的精神力量

057 道德是孕育风度的种子

060 要自信，不要自负

060 自信者与自负者

061 自负是"变了质"的自信

065 没有"自知"，就没有自信

067 "能"与"不能"之间的人生自在

Part 3

谢谢你，陪我一路同行 / 071

073　　爱，无富贵贫贱之分

077　　寻找"精神家族"——我们的友情与爱情

078　　信任，是"精神家族"的唯一信条

080　　知己，是心灵世界的家人

082　　爱情使人永葆青春

086　　因为彼此纯真，所以始终信任

086　　对"朋友"的滥用

088　　朋友是"无用"的

090　　两个人的"独处"

092　　友情无需"立约"

Part 4
道德，源于人性，归于安心 / 095

097　利他，是最高境界的利己

098　道德不以"利他利己"来衡量

100　心安则为之

102　道德是人性的"孩子"

106　自律的种子，开出自由的花

106　心是内在的"世外桃源"

107　道德是精神的自律

110　自律比放纵更接近自由

112　遵从良心，方得自由

114　道德与功利，不是敌人，可以是朋友

114　胜负师和求道派

117　光荣属于"求道派"

118　诋毁功利的不是真道德

121　功利"杀不死"道德

122　世上只有两件有价值的事：深感惊喜和使人惊喜

Part 5
用大爱，做小事 / 125

127　做一个"达"人

127　谁说"独善其身"不是善？

129　"独善其身"与"兼济天下"的完美融合

132　身心修养是做人的根本

133　穷不失义，达不离道

136　大爱者，无惑

136　求善就是求真？

137　"知识是人对灵魂中的真理的回忆"

141　"厌世"，是"自厌"的蔓延

143　爱比生命本身更温暖

146　爱像一束光，照亮一切阴霾

Part 6
生、老、病、死 / 149

151　每个人都是人类系统中一个承上启下者

154　再见了，我的童年

154　童年真的比现在快乐吗？

156　最成熟的，不过是"天真"

158　博文广识是一回事，成熟是另一回事

159　成熟，就是不断变得"天真"

159　泉水终将流向何方？

160　成熟：从"他净"到"自净"

163　成熟是"永不起皱纹的灵魂"

165　越成熟，越自由

168　向死而生

168　一沙一世界，一花一天堂

170　花非花

172　站得高，看得远

173　大彻大悟，点燃了别一重境界的喜悦

174　人是否可能"彻悟生死"？

178　看不见的，不一定不存在

181　无知催生恐惧

183　与其计较生命的长短，不如让有限的生命充实丰满

Part 7
感恩心、忏悔心、好奇心 / 185

187　　最好的感恩，是接受爱、传递爱

187　　对一切善意心怀感恩

188　　"我"是如此幸运

190　　付出，是一种富有

193　　心若有愧，永断不作

196　　你好，好奇心

197　　使人好学求知的秘密

200　　我只知道，我什么都不知道

202　　人类神圣的好奇心

204　　常给精神洗洗澡

206　　后　记

207　　尾　注

自序：我为什么要写书？

几年前，一个偶然的巧合，我上课时的一个视频，关于"孤独与寂寞"，被上传到网上，没想到很多人点击观看，反响良好，赞誉有加。之后就常常收到很多不相识的朋友从世界各地给我写的邮件、信件，甚至是不署名的可爱的小礼物。从此，每周三当我照常走进我上课的教室时，总会发现不少旁听的"新面孔"，有些人自远方来，据说是慕名而来。很多时候，在教室座无虚席的情况下，他们会安静地站着听完两节课，有时是在教室后排的走道里，有时则是在教室的窗外——他们的目光中时而是期待，时而是信任，时而星星般闪烁着理解和共鸣的光。每到那时，我总觉得幸福，同时深感荣幸。

无论是学生时代的我，还是在成为老师之后，我都曾多次像他们一样，站在复旦某一个教室的角落里，听上几个小时的讲座。对我而言，那是一段无比欢乐的时光，尤其是当他人的语言像一束光一样投射进我的内心，在那里某些潜伏了许久的激情，某些甚至未被我自己意识到的思想的种子竟借着这光得以苏醒，抽出了它的第一根芽，开出了它的第一朵花。这种灵魂受触动、精神被点燃的愉悦感，美不胜收。

我不确定听我上课的学生们是否从我这里得到过或者正在得到相似的美好感受，但是时不时，在与他们中的一些人课后的邮件交流、面对面讨论或散步闲谈时，我能感觉到，即使他们和我除了课堂里的对话或生活中的偶遇，几乎没有什么现实生活的交集，但这并不妨碍我们在认知上的共识和精神上的默契。虽然年龄、性别、职业、生活境遇的差异必然会影响我们相互之间的理解，将我们引向全然不同的追求，但是作为"人"，我们的共同点似乎总是更多——我们年复一年穿梭于春夏秋冬，正如我们的生命从诞生的那一刻起便顺着自然的斜坡，缓慢滑过"幼年、少年、壮年、老年"的人世四季，和他人一样；我们进入生命如一个奇迹，我们走向死亡是一种必然，和他人一样；在相同的起点与相同的终点之间，虽然我们看似走着完全不同的人生道路，有的辉煌，有的黯淡，有的成功，有的平庸，但没有人真正摆脱了烦恼。

每个人总会在人生的此一时彼一时陷入此一种彼一种烦恼，无一例外，差别仅在于烦恼各有出处，内容不尽相同——有的人窘迫于谋生的艰难、物质的匮乏，有的人困顿于灵魂的暗夜、精神的荒凉；有的烦恼源于饥饿难当却无以果腹，有的烦恼源于面对美食却全无胃口——看似不同的苦恼，却是一样的无助。

一个无助的人往往会感到特别孤独——他悲伤着他的悲伤，而周围的人却仍旧欢乐着他们的欢乐，"亲戚或余悲，他人亦已歌"[1]，阳光不会因为他的悲伤而少一分明媚，春天不会因为他的悲伤而迟迟不来，世界没有了他的微笑照样不紧不慢地匀速旋转……悲伤的人备感孤独，而孤独让悲伤者更悲伤。

这书写给那些孤独的悲伤者，因为这里面集结了很多孤独者对生活、对生命、对自我、对世界的困惑与追问。你若从中读到了一个你，那么你至少会明白不只是你一个人在与这些困惑战斗，很多人同样悲伤着你的悲伤，孤独着你的孤独。这种"共苦"或许多少能消解你的孤独，并因此淡化你的悲伤。

此外，或许你在书里会看到一些常见的词语和很多不那么常见的观点。比如：孤独不一定那么不堪忍受，或许只有它能让我们学会如何与自己好好相处；死亡不一定如我们想象的那么阴森恐怖，或许它只是人辛劳一生后进入某个温柔的无梦之眠；人生的苦难不一定那么面目可憎，或许它富有某种异乎寻常的营养，使我们经历过后活得更强大……这些都是我在生活的起伏波动中一点一滴收获的心得，不一定正确，却发自内心。不为标新立异，只想借此与更多相似的灵魂分享。

　　最后，书里的篇章未必能给我们当下的人生困境指明一条具体的解脱之路，但或许可以在你上下求索而不得其解的时候为你打开一扇小窗，让你透过它瞥见另一幅图景，在这幅图景中，有那么一些人，碰到与我们相似的生活处境，既不像我们那么焦虑不安，也没有我们的纠结不定，他们在顺境中大笑歌唱舞蹈，在逆境中依旧心平气和；他们迎向阳光，也安于黑夜；他们饱含深情地活，心怀诚意地死；他们享受一切生命的美好，也不辜负不可抗拒的苦难……

　　如果一不小心对作为读者的你有一星半点的启发，我将深感荣幸。

陈果

2016年于上海

Part ①

生命可承受之"重"

　　事实上，只有无法接受真实自我的人，才会用虚构的美丽自己骗自己，那是一种直面真相的瘫软无力。如果一个人无可避免地生而有弱点，那么不能接受自己有弱点，恐怕才是他最无可救药的"弱点"。

我们大可以活成我们自己，
活得更本色一点、更真实一些，
这才是对自己的真诚与善待。

真诚，才显真爱

人与人之间能够长久交往的基础，要么是利益，要么是真诚，但最终能持久的，只有真诚。利益的纠结使人们陷入怀疑和被怀疑，而真诚的交往则教会了人们什么是信任和被信任，前者有助于我们在斗智斗勇中赢得胜利，后者则使得我们内心安然而终身幸福。

有没有"善意"的谎言？

真诚像早晨的阳光，透过树叶间隙优雅地洒在草地上，既光彩斑斓，同时也照出暗处的冷峻，那是一种真实之美。很多人常习惯于"报喜不报忧"，就如同大学生投父母之所好，在跟父母电话沟通时往往会轻描淡写地略过某一次不如人意的考试结果、失败经历，或者刻意掩饰失恋阶段的悲痛欲绝、意志消沉，或者将自我最深沉的痛苦、最纠缠的烦恼、最真实的情感、最炙热的梦想紧紧地锁在内心最深处，宁可长期自我压抑也绝不和父母坦承，以免父母无法理解却为此忧心忡忡。

对一个人毫无保留地诚实与对一个人有所选择地隐瞒，哪个更好？如果"真诚"必须意味着"真"，意味着"诚实"不"说谎"，那么我们又该怎么解释"善意"的谎言？即使没有亲身经历过，也不难设想，面对一个天真的病孩，我们的内心往往自然而然会倾向于选择某些事实的回避、一定程度的"不真"。我们清醒地知道我们在说谎，可奇怪的是，尽管平时我们厌恶甚至憎恨谎言，但在当时却唯有这样的谎言方能令我们心安。我们称之为"善意"的谎言，因为说谎非我所愿，只是源于内心的"不忍"；我们以为是"善意"使我们舍弃了"真"，以此成全了"诚"。其实，唯有尊重"真"才能通达"诚"，唯有"真诚"合力才能成全"善意"。

我不能确定大多数父母的想法。我所知道的是，对我来说，父母因为我而失望或焦虑是我最不愿意看到的，所以我自己也曾是这样一个"报喜不报忧"的"好孩子"，直到某一次跟母亲谈到这些，她说："作为你最亲密的人，我最想了解的是你的真实情况，包括你的痛苦与烦恼。我也会跟着痛苦和烦恼，但是我仍然希望你实话告诉我，而不要骗我，我不想从别人那里知道，或者完全不知道。也许我帮不上忙，但是我希望与你分担。"

当我们自以为在用"善意的谎言"保护他人免受伤害时，他人受到的最大伤害恰恰来自于我们借"善意"之名"不诚实"和"不信任"。换言之，我们能欺骗的往往是信任我们的人，而信任我们的人最不能承受的就是我们欺骗他们。我们最想要保护和抚慰的是我们真诚爱着的人，于是我们为他们戴上了精心绘制的微笑面具，而真诚爱着我们的人却只是要我们摘下面具，以真面目示之，即使面具背后是一张愁眉不展的脸。

"自欺"源于人性的弱点

人难免会自欺，因为有很多时候对自己不那么满意，因为总会有一些遗憾，放不下却又无可奈何，除了自己骗自己，竟不知该怎么跨过这个坎。事实上，只有无法接受真实自我的人，才会用虚构的美丽自己骗自己，那是一种直面真相的瘫软无力。如果一个人无可避免地生而有弱点，那么不能接受自己有弱点，恐怕才是他最无可救药的"弱点"。

我们发现那些人性的不足之处，比如怯懦、自私、贪婪、虚伪、无知……归根到底，殊途同归，症结在于"弱"——怯懦在于面对强者时勇气羸弱，自私在于受功利诱惑时人情薄弱，贪婪在于应对欲望时理性软弱，虚伪在于外强中干、底气贫弱，无知则毫无疑问源于知识的匮乏，即弱于"智"。

如果我们追根溯源，或许会忍不住追问：人性中有这么多种"弱点"，那么它们有没有一个共同的起源？

既然人性的弱点发乎心理，跟身体是否孱弱就没有必然关系了。事实上，很多体质柔软，甚至有着生理缺陷的人，他们已然通过自信而纯真的笑容或者对生命的无限热爱证明了他们心灵的强健。体质的强弱固然对人有巨大的影响，但不是衡量人性弱点的标准。人性的问题，终究是人心的问题；人性的弱点，终究源于"内心的软弱"。相对，那些我们人类所共同敬重的品质，比如意志、勇气、谦逊、豁达，等等，无一不是基于"内心的强大"。意志源于心智坚定、不可动摇；勇气源于内心无所畏惧；谦逊源于心存敬畏；豁达源于心胸宽广。要摆脱人性的弱点，除了使内心逐渐强大，我们别无他途，而这个过程就是一个人的自我完善，就是一个人的生命修行。

与心中的"魔鬼"作斗争

还记得当年我刚进大学，初入哲学领域，从学长那里听到了这样一个小故事：哲学家深受皇帝欣赏，而画家心生嫉妒，对此忿忿不平，一直伺机报复。终于，在哲学家生日的那天，皇帝为他举办了盛大的生日宴会。宴会上，画家毛遂自荐，主动请缨为哲学家画一幅肖像画。哲学家欣然同意。但是心怀怨恨的画家出于泄愤，将哲学家画得奇丑不堪，并把肖像画示于众人，试图以此当众羞辱哲学家。皇帝大怒，下令对画家严惩。没想到，哲学家当即为画家求情。他说：画家画上那个丑陋的人确实是我，而我终生都在与这个丑陋的自我做斗争。这个故事使我深受感动，因为他是如此清醒，对自己如此诚实。

自我完善，有一个不可或缺的前提——看清真实的自己。那应当是一个完整的自己——既包括美好善良的"我"，也包括此一时彼一时心存邪念、灵魂丑陋的"我"。就像一朵真实而完整的小花，有其绽放时的绚烂，也必有其凋零时的衰败；那个真实而完整的月亮，有其光明的一面，也有其阴暗面。每一个"我"也是一样。若没有自我的"阴暗面"，我们何需自我完善？若没有自我的人格弱点，我们又该从何处起步，去追求人格的提升？正像奥地利作家斯蒂芬·茨威格在一本记述荷尔德林、克莱斯特和尼采这三位最杰出的诗人、作家和哲人的传记中所写的那样，他们的天赋异禀、超凡脱俗来自于他们一生坚持不懈地"与自身的魔鬼做斗争"。

我们很多人会对自己说"善意的谎言"，为了保护自尊心而刻意回避或视而不见自己人格上的弱点，给某一刻丑陋的自己盖上"遮羞布"以图"眼不见为净"，好像看不见的东西就真的不存在。我们理所当然地以为那是对自己的"真诚"和善待。殊不知，这绝不是一个自爱者对自己的"真诚"与"善待"，只是一个内心软弱的自恋者对自己的麻醉与毒害。

真诚，何尝不是一种自爱

怎么样才是对自己"真诚"？怎么做才是真正善待自己？"改变我能改变的，领受我改变不了的"——对自己身上可以改变的地方尽力去自我修缮，对自身不可改变的东西则予以尊重、接纳，学会与之共处。一方面，要看清真实的自己，尽可能完善自己，让自己更健康更美好，"天行健，君子以自强不息"；而无能为力的地方，比如生而有之的缺陷、性格、天性……则报以尊重，将它作为生命的一部分平静地接受，并且心安理得，就像法国思想家蒙田在众人推荐他担任市长时这样坦言："我记性不好，缺乏警觉性，没有经验，魄力很差。我不抱怨，没有野心，不懂贪婪，不会使用暴力。"[2]——还能有什么比这样真诚地认清自己、接纳自己更善待自己？

很多时候，我们总想让自己在他人的眼中、在大众的评价中显得更优美更完善，于是我们就根据大众对"优美"和"完善"的定义去训练自己、打造自己、包装自己，竭力去迎合、顺应那套公认的标准，结果确实有人赞美我们，我们也享受这样的成效。但时不时静下心来独处，我们却又觉得自己很陌生，离自己的真性情很遥远，自己的神经如此紧张、内心如此焦灼——为了活在社会的主流内，我们选择了活在自我的边缘外。久而久之，压抑与麻木渐长，冷漠随虚荣共生。

让自己在他人眼中闪闪发光，引来旁人路人陌生人的羡慕与赞叹——很多人把这当成对自己的善待。在我看来，这不是真正的自爱，而更像一种"自厌"，因为这里面全然没有对真实自我的观照、尊重和接纳，却充满了对自我本性的无视、嫌弃和压抑。事实上，这大可不必，一个人，不论表现得多好多完美，总有人喜欢，总有人不喜欢。即使像耶稣一样的圣人，也是有人喜欢他，有人不喜欢他，有人憎恨他，甚至将他送上了十字架。既然如此，我们大可以活成我们自己，活得更本色一点、更真实一些，反正还是会有人喜欢你、有人不喜欢你。但至少你会更喜欢你自己。这才像"自爱"，不是吗？

如果善待自己意味着不自欺，那么善待他人是否也就意味着实话实说、坦率不隐瞒？我们总会有这样的担忧：很多时候，实话伤人，却忘了同样是真话，可以有很多种说法，用不同的方式去说往往能产生截然不同的效果。想起我曾读到过的一则小故事。一个小男孩问一个被领养的小女孩："亲生的孩子和领养的孩子有什么差别？"小女孩回答："妈妈说'亲生的孩子是从妈妈的肚子里生出来的，而领养的孩子是从妈妈的心里生出来的'。"

同样的道理，当我们出于真诚，愿意对他人实言相告，我们已然决定对事实报以尊重、开诚布公，那么接下来，或许我们还可以让自己更真诚一点，真诚得更周到一点——与其我们煞费苦心用"善意"去编造一套谎言蒙蔽某个我们在意的人，不如用这份"善意"去尽心尽力选择一个最适合于他的实话实说的方式，就像关于死亡的话题，同样要实话实说，对成人说有对成人的说法，对儿童说则要用儿童的语言，方式有很多种，目的却是同一个：既要帮助他理解当下的实际情况、我们的真实想法，又要尽可能减少这一事实对他的伤害。如果此时还能对他有所引导，为他指点迷津，助他渡过难关，那就最好不过了。此时，语言已不只是传递信息的工具，更是宽慰人心的艺术。

善意，根基上乃是有情有义，它起于一片赤诚，最终往往体现为一种生活的智慧。

每一个重负背后都藏着一个恩赐

西西弗斯的巨石

古希腊神话中有一个叫西西弗斯的人，他为了跳出生命的自然规律、逃脱死亡之灾，不惜冒险对掌管冥界的死神哈迪斯耍手段。虽然骗过哈迪斯一时，最后还是被发现。为此，西西弗斯被施予了最严厉的惩戒。同是冥界，却分三个不同的层次，其中最可怕的一个层次就是永世不得超生之地，相当于我们现在说的"十八层地狱"。在那里，西西弗斯被罚将一块必须用尽全力才能推动的圆形巨石从山脚一路推至陡峭的山顶。地狱灼热的烈焰在四周熊熊燃烧，西西弗斯一有松懈，巨石便一刻不停地滚回山脚，一切必须从头再来。当他用尽力气，好不容易将巨石推到山顶，自以为能得片刻喘息，没想到无情的巨石又一次不可阻挡地轰隆隆退回原地。如此这般，周而复始，永无止息。

这个神话故事，我看过不止一次。小时候，我只是把它当

生活的"重负"，
若细细回味，
其中也一定饱含"恩赐"。

成一个无关现实生活的异国传说，没有任何特别的感触。可之后随着光阴流逝，每一次重读，我都会从中或多或少读出一个"我"来。西西弗斯年复一年拼命推动巨石的画面是这样深刻地镌刻在我的印象中，久久挥之不去，有时，竟有种忍不住一声叹息的伤感。

我们每个人何尝不是那个西西弗斯？我们何尝不是背负着像他一样的一块命定的圆形巨石？

小的时候我们争先恐后，通过激烈的竞争，终于进入了重点小学。我们很高兴，以为这下放心了。可好景不长，我们必须投入更多的心力，我们依然无法安心，因为下一个更高的"山顶"就在眼前——重点初中。从此以后，"山顶"的海拔从未停止过飞速地增高：我们要全力以赴考进"重点高中"，然后竭尽所能考取一流的大学……我们年轻的大学生们，也包括当年的我，得知自己被心仪的大学录取的时候，无一例外激动不已，很多人兴奋得彻夜难眠。在我们眼中，这正是我们过去十多年心心念念、梦寐以求的一座人生的"高峰"，为此我们经历了重重艰辛、几经沙场，最终，得偿所愿。原以为，我们终于可以放下肩头的那块"巨石"，可以给这么多年一刻不敢松懈的神经放一次酣畅淋漓的长假。可事实并不是如此，兴奋倏忽即逝，我们面前照旧群山连绵，巨石时刻悬在我们的头顶，也始终压在我们的心头——一流的大学之后，紧跟着要找一份体面的好工作，然后要专注于收入的提高、职位的晋升，接着时候到了，该寻一个好的对象，结婚生子了。

当这些事都得以尘埃落定，看似我们可以不慌不忙、安然度日了，可却眼睁睁看着又一个新的"山顶"从地平线那端缓慢平移而来，越来越近——我们生下的宝宝、我们的下一代，他必须优秀，因为"他不能输在起跑线上"，他必须要进入重点幼儿园、重点小学、重点中学、重点大学，找一份体面的好工作，寻一个好的对象结婚，生一个优秀的宝宝……我们始终在奋力地推动着生活这块"巨石"，于重负之下拼命挣扎、举步维艰。如同神话中的西西弗斯一般，周而复始，永无止息，不得安宁。

在"不安"的皮鞭下

突然，对西方人葬礼中的那句"安息"（rest in peace）颇有感触。每一个有"生命"的东西，注定都有死亡。当时西西弗斯绞尽脑汁企图挣脱死神的追捕，是因为他求生惧死，和我们绝大多数人一样。而冥王哈迪斯给他的惩罚是无比残酷的，将他投入了地狱。什么是地狱？根据故事的描述，"生不得又死不成"即是地狱。这是不是冥王对西西弗斯以及与其相似的芸芸众生的一个提醒：或许死亡本身包含着这样一种自然所赋予的、不易察觉的温柔美意——这块令你耗尽一生而难以摆脱的"巨石"，恐怕唯有死亡才能使你彻底放下；这一条忧心忡忡的人生道路，唯有走到尽头，你才有机会无所顾忌、心安理得地沉入一个永久的无梦之眠，享受完全的清静。难怪作家海明威的墓志铭只有简单的六个字：恕我不起来了！（Pardon me for not getting up.）这位对我而言闪闪发光的文学家，用他最简洁的方式说明了他对生的不耐和对死的安然。

曾与一个朋友谈论起这个西西弗斯般的生命状态。

我："我敢说，这种被驱赶着不得不血战前行的焦灼状态绝非大多数人所愿。西西弗斯之所以推动巨石，是为冥王的命令所迫，无力抗争。那么我们呢？我们的'巨石'究竟从何而来？"

她："我想，我们大多数人是为生活压力所迫。"

我："不同的人，有不同的生活压力。压力若关乎生计，确实沉重，可我相信'谋生存'并非所有人必须肩负的巨石。可为什么还是有那么多人无力从西西弗斯的命运中挣脱？"

她："因为除了谋生，我们还欲求更多，比如财富、功名……这因人而异，成为了每个人各自肩负的巨石。归根到底，可能还是源于'安全感'的缺失吧。在我们大多数人看来，'名利'越多也就相对越'安全'。我们之所以疲于奔波、追名逐利，或许不在于我们的本性贪得无厌、不知足，或许根本在于我们缺乏安全感，因而心不安。"

是啊，安全感！或许它才是那个我们于重负之下真正神往的、人生的终极"顶峰"。

我们甘愿含辛茹苦、推动巨石不断攀爬，征服迎面而来的一个又一个山顶，或许只是因为，每当我们承受着巨石的重负抵达一个更高的山顶，我们会感觉自己正在步步趋近内心至高处的那个"安全感"。很少有人真正享受尔虞我诈、勾心斗角，但这似乎是我们为了"安全感"而不得不支付的代价；没有人希望社会成为一个弱肉强食、优胜劣汰的"角斗场"，我们这些生活于其中的角斗士，必须为了争夺一个职位或者一点好处而相互厮杀，就像哲学家霍布斯所说的那样——"人与人之间恰如狼与狼"，为了一块肉而目露凶光、彼此为敌，但是我们如此无奈与厌倦，却仍在角斗场中拼杀，只是因为我们没的选择，面前似乎只有两条路：to win or to die——要么赢，要么死。似乎"赢"是通达安全感的唯一道路。

我们一切生活的重负似乎都能在"不安"中寻到它的根。确实，还有什么能比"不安"给人造成更大的恐慌和压力？它无孔不入，能使人"看到繁花似锦背后的荒凉，瞬间光亮之后的永恒黑暗"[3]；它是如此专制，几乎能攫取我们所有其他的感觉，让我们的理性迷失，让我们的梦想沉沦，让我们自愿臣服于奴役。正是"不安"这位暴君，在我们的内心举起了那条无形的精神皮鞭，抽打着我们违心地挥泪血战、蹒跚前行。

三毛与尼采

我们中有很多人并不甘心，想叛逆，想抵抗，想搁置肩头的巨石停下来，想跳出西西弗斯的命运，为此他们不惜将世人视同生命的"安全感"抛之脑后、不予理会。于是就有了一个个流浪歌手、街头艺人、现代的游吟诗人、甘于清贫的思想者、百年孤独的哲人、远离尘世的苦行僧，我们称他们是"理想主义者"或者"浪漫主义者"。其中的大多数往往最后会被"不安"又一次俘虏，拽回到普通的西西弗斯的行列。只有少数几条"漏网之鱼"得以游逸于主流之外，因为他们安住于世人眼中的"不安"生活。人们趋之若鹜的"安全而平庸的幸福"对他们而言无异于毒药，而世人避之不及的危机四伏、隐患无穷、心中无底、毫无安全感的状态，却恰恰是他们最赖以生存的空气。这样的人在人群中，即使扩大到全人类的范围里，也总是稀有。

我最先想到的两个人就是诗人三毛和哲学家尼采。前者是半生的漂泊，后者是绝对的孤独。三毛漂泊在诗情画意中，最后以神秘的诗情画意结束了漂泊；"尼采孤独得近乎疯狂，最后在疯狂中摆脱了孤独"[4]。

因为他们是真正的非主流，自甘少数派，对于身处主流当中的我们大多数人而言，他们更像是个"谜"，我们很难感同身受他们的情怀，也就无法理解他们的选择。时不时，我们当中一些人或不解、或羡慕、或嫉妒地称这些人"不羁"或者"不为世事牵绊"，这些形容词似乎在暗示，我们大多数人的心境是自觉"羁身于牵绊之中"。事实也确实如此，很多时候，为了保全生存以及生活的安全感，太多的重负如"巨石"般压得我们苟延残喘、心力交瘁。我们多少次想象着自己能扯断人情世故的牵连，挣脱迎来送往的羁绊，放下功名利禄的欲求，回归内心清明安和的家园，就像三毛那样，那该是多么逍遥的"大风起兮云飞扬""我欲乘风归去"。

确实，他们有我们艳羡的无拘无束，但我们有他们难以企及的天伦之乐；确实，他们如月光般清亮、如闪电般纯粹，但我们如野草般坚韧、如蝼蚁般顽强。当主流中的我们忍受着生活的盘根错节，剪不断理还乱，非主流中的他们同时却也在承受着周围人的怀疑以及与这个世界的格格不入。相对他们这些"理想主义者"来说，我们是"现实主义者"，我们为了现实生活的"安全感"而投身于人情世界的纷繁芜杂，他们则为了捍卫精神生活的完整性而恭敬地顺服冷冽的命运。我们选择牺牲内心的梦想来实现生命的平坦，他们则振翅飞向人类精神的塔尖，即使坠落，仍追求末日的绚烂。

C' est la vie（这就是生活）

但不论是他们还是我们，作为一个人，总有"不安"之处，而"烦恼"就从那里萌芽，久而久之、挥之不去，便成了"重负"。

我很喜欢法国人常挂在嘴边的那句"C'est la vie（这就是生活）"，他们在欢笑之时用它赞美人生，在悲伤之中用它调理伤口。这句话的妙处就在于它透露了生活不可预测的无常与善变——苦与乐，微妙地衔接着每一天的起承转合。生活之

"乐"，给人惊喜；生活之"苦"，催人反省。生活将苦乐平均地分给所有人，每个人都有无可奈何的苦衷，也有春暖花开的愉悦，对谁都是一样，白雪公主与小矮人无异，小孩子得不到糖果与年轻人把握不住爱情无异。

"重负"即是生活之苦，不论对谁，它都不可撤销，只是偶尔改变形式而已。就像我们生而为人，"痛"总会存在，只是有的人痛在身体，有的人痛在心里；有的痛短暂而剧烈，有的痛微弱却持久。我们大多数人贪婪地祈求生活之乐多多益善，几乎每个人都在抱怨生活之苦没完没了。殊不知，生活之为生活，苦与乐皆是她的真味，谁要是拒绝接受生活之苦，注定也会被剥夺生活之乐；两者之间往往不存在取舍，要么全要，要么一样也没有。

痛苦值得珍惜，却并不意味着痛苦值得歌颂。痛苦所富含的营养，最终为的无外乎是助长"生命的自由而欢乐"。那是一种比骄奢淫逸的享受更天真更简单的喜乐，一种不耽于物质、比欲望满足时的快感更清澈更持久的愉悦，一种任何外界的刺激都难以扰乱的自成世界的宁静，一种悄无声息却达观包容的自信。

某位先哲曾说，"自然界中性质相反的事物总是相互激励”，就像物理学上的作用力与反作用力。泰戈尔有诗，人若"不经历黑暗，无以通达光明"，"生命的自由而欢乐"或许也源于对"生命的重负"的领受与超越。米兰·昆德拉最有名的一本书是《生命不能承受之轻》。我们不得不承受生活的"巨石"，如神话中的西西弗斯，或许那不是命运的责难，而是人性的考验，唯有这样的沉甸甸才能驱散轻佻与浮夸，填平无底的欲壑，才足以唤醒我们对平淡生活的珍惜。好朋友曾对我说"没有不幸，就是幸福"，能拥有琐碎的苦恼，又何尝不是一种幸福！

我们没能成功地挣脱西西弗斯的命运，其实我们也挣脱不了。既然挣脱不了，又何必非要挣脱不可？我最喜欢的一位法国女性思想家薇依写过一本书，题为《重负与神恩》——很长一段时间，它是我内心世界的一束光。生活固然是"重负"，固然是西西弗斯肩头的巨石，也如我们常常哀叹的"人生不如意事十之八九"，可是"重负"之下何尝不是埋藏着"恩赐"？

我们常说，爱与责任比肩而立，自由与命运比肩而立，人道与人性比肩而立。若责任不是沉重的，又怎见爱得深沉？若命运不圈定其边界、生命不存在死亡，我们又有谁会在乎有生之年是否虚度，又有谁会关心在有限的人生中灵魂何以能无限

自由？若生活没有"重负"，我们又该拿什么来对人性的顽劣
如切如磋如琢如磨，使之越来越具有德性的温润，散发人道的
柔光？事实上，有多少人的刚毅坚强是由"挫折"磨砺而成，
有多少人的成熟练达脱胎于深沉的"受难"，有多少人的纯真
恰恰是双脚深陷"淤泥"中不忘仰望星空，一个人"肩头扛下
了多沉重的苦难，胸中就承载着多伟大的情感"。

生活的"重负"，若细细回味，其中也一定饱含"恩
赐"。我想哲学家尼采应该会同意这个看法，否则又是什么能
使他说出"凡杀不死我的必使我强大"。

孤独时，我们才会和自己对话

孤独 ≠ 寂寞

"孤独"是自得其乐的独处，是自成体系的完整。就像一个小女孩在嘈杂的房间的一角静静地折纸、画画、凝视着鱼缸中的小鱼，心无杂念，旁若无人，那是一种将散轶于外部事物之中的眼光引回内心世界的专心致志，那是一份心境和平的自给自足、清明安和而无所外求的精神圆融。而"寂寞"是无可慰藉的空虚，是急于冲破的樊笼，深陷其中的人往往不知道做什么好，做什么都沉浸不进去，都打不起精神，都不快乐；任何一件东西、每一个人都难以激发起自己对于生活拥抱欢呼的热情；翻了一圈电话本，数百个名字里却找不到一个真正想说话的人；电视频道换了又换，却都显得那么枯燥乏味；想痛哭流涕，想声嘶力竭地大喊，想在暴雨里狂奔，来驱赶压迫着自己的精神低迷……那是一种无所适从的"自厌"，那是自我心灵之火熄灭时的憔悴沮丧。

　　"孤独"是由自我思想的丰富性而带来的对独处的近乎贪婪的偏好与享受，那是一种对自我充实饱满的精神生活的不紧不慢的消化、悠然自得的回味，娴静而从容。而"寂寞"是由自我内心的荒凉、思想的贫乏而引起的对独处的恐慌，精神的空洞使我们直觉到生命的虚无，情感的真空使我们怀疑自我的存在，那是一种灵魂中空的干瘪，是绚烂的烟花在高空瞬间绽放、又坠回广漠低沉的黑暗中的无望，焦灼却疲乏。

　　"孤独"源于精神的自由自在，即使身处闹市、被人群包围，也依旧如急流中的一块浮木、沙漠中的一位托钵僧，穿行人世，心无纤尘。当你沉入自我并享受孤独时，人群在你眼中自动隐退，因为喧嚣业已从你心中淡退，或者说，你业已从喧嚣中淡退。而"寂寞"是一种病，源于心灵的饥饿、精神的营养不良，它需要用人群与喧闹来治疗，像病人一样需要身边常有人陪伴，它需要用迎来送往来遗忘内心的狂躁不安。

孤独：自然界最古老的真相

　　孤独不是一种姿态，而是一层心境。"重要的不是离群索居，而是独立思想"[5]。不必去刻意寻找一个偏僻的角落，从而隐居于孤寂之中。孤独本就是自我心灵的诗意栖居，环境固然有一定的激发效果，却不起决定性的作用。孤独是在闹市中"心远地自偏"的出离。

孤独很多时候的表现形式是沉默，但沉默不足以代表孤独，孤独与任何可见可闻的形式无关。有些年轻人用抽烟来制造烟雾包裹中的寂寥，或者借酒来玩弄氤氲醉意中的寂寞，或者走颓废路线来表露自己与众不同的独特，这是一种摆酷，或是一种造作，那只是对想象中的孤独的描摹，是流于表面的装扮，是看似冷寂的面具之下一颗急欲引人注意的虚荣心在作祟，而不是真正的孤独者的风范。孤独源于思想的充沛饱满，是思想自发的精神流浪。

孤独不是人类刻意的自我培养、自我要求、自我改造，不是人类文明的产物，而是自然最古老的真相，是万物最原始的本来面目。人在离开母体之后，一直是孤独的，我们的皮肤隔开了我们与外界，我们孤单地蜷缩在自我的皮囊之中。传说中神是孤独的，正因为如此，他造出了人来和自己做伴；真理是孤独的，正因为如此，能与之亲近的人永远只是极少数。我们所居住的这个热闹的地球是孤独的，在广袤的宇宙中，它不过是一个孤独的蓝色的小点，淹没在无边的静默之中。

我们应当给自己更多独处的时间，
为的是卸下"面具"，
自如生活，如我所是。

孤独不可耻

社交往往有两种类型：要么是利益驱动下的人脉构建，要么是一群寂寞者的相互取暖。若社交出于功利，则难免逢场作戏，大家都戴着"面具"，嬉笑怒骂无外乎作秀，旨在互为工具、相互利用，这样的交往自然不会有纯净之清气，只充斥着烟火之浊流。若社交出于寂寞，则往往流于肤浅而难以深入人心，因为寂寞者的群体仍逃不出寂寞，寂寞的叠加只是令寂寞更加走投无路，就像无聊重复一万遍，终究还是无聊。

当然，对生活于社会中的人而言，社交在所难免，而且不可否认，它自有其意义，如果我们行之得当，社交确实能为我们提供一些我们想要的东西，比如人脉、人气、机会……这些东西是有用的，所以是有价值的。但是，即使如此，与情深义重的友谊相比，与心心相印的爱情相比，它仍然只能算是一种廉价的交往，或者说，就像我的一个朋友所说的"任何一种关系，只要能被标价，不论小数点之前标了多少个'0'，它都不可能是珍贵的"。真正美好的交往，都是发自内心的赤诚，是金钱无力收买的。哪一天，如果连我们的"心"也有了价格，即使价格高昂，那么不是我们的"心"值钱了，而是我们把"心"糟蹋了。

  与"寂寞"相比，"孤独"是一种更高贵更优美的状态，人需要"孤独"，独处时自我的"真实"能还给我们精神的自由。这就是为什么我们的祖先前辈们讲究"慎独"：从人群中抽身而出，从喧哗中隐匿，返回独对天地、独对真实之自我的存在。我们真正属于自己的时间并不多，或是在忙于应对本能的吃喝拉撒睡，或是在应接不暇地做着杂七杂八的事，接触着亲疏不一、形形色色的人，我们应当给自己更多独处的时间，为的是卸下"面具"，自如生活，如我所是——本色、自在、真情实感。

距离之美

  人与人，就像两个王国，各自应当保持着宽阔、自然而适度的疆域，甚至在疆界之间，要有一个中立地带。人与人之间，保持适度的距离，这不是一种忸怩作态，或者一种自我中心，出于自我保护的防范意识或闪避责任的划清界限；这是为了更清晰更全面地领略对方的美，为了在与对方亲密交往的过程中不丢失原有的尊重与敬意。俗话说"距离产生美"，人与人靠得太近，往往就看不到对方的全貌了，就像我们照镜子时，靠得太近的话，就只能看清自己的某一个局部，又如同我们扔两块石头到静水中去，太近的话，它们会彼此破坏完整的涟漪。

适度的距离还原每个人的完整性，它使每个人成为一道独特的风景，因其独特而互生欣赏与敬意。更因为这距离有时超越了我们的肉眼视力所及的范围，于是我们产生了精神的凝望——思念。当年我在加拿大留学的时候，我与祖国、与家人的物理距离达到了从小到大前所未有的遥远，但奇妙的是，那段时间我与家人、与国人的心理距离却有着前所未有的亲近，电视节目中偶尔冒出的汉语就足以引起我的关注，关于中国的新闻或故事，更是让我饶有兴趣；当我在学校的礼堂里，从一百多面国旗中找出中国国旗时，我久久地百看不厌，不知不觉中一只手摸着我的心，我当时一下子明白了那就是"牵挂"。母亲曾对我说"人总是对最亲密的人最残忍"，恐怕就是因为当我们距离太近了，对方身上的缺点就被放大了，那些远观时曾引起我们赞叹不已的优点却成了近看时的盲点，人们就此遗忘了尊重与爱，于是不再包容、不再心存感恩。

挤掉的敬意

"拥挤"侵占了人与人之间适度的距离，使人们彼此失去了耐心与敬意，尤其在人潮汹涌的大城市里，到处是人，人与人缺乏感情、格外冷漠。就拿上海来说，我们这些校园中的学生每天都穿梭在人来人往的拥挤的街道上，在人满为患的拥挤的教室里听课，在人头攒动的拥挤的食堂里吃饭，在人挨着人的拥挤的地铁、公交车里艰难地维持自己的站姿，从拥挤的图书馆回到拥挤的寝室睡觉。等我们走出校园，我们将投入到更拥挤的战场去奋力拼搏，为的是在这片拥挤的土壤上替自己挣扎出一方生存空间——正因为我们生活得太拥挤，不论我们是否愿意，也不论我们是否意识到，我们都在相互干扰、彼此牵绊，于是我们因为人多而不再珍惜人，因为拥挤而丧失了人与人之间的敬意。

正因为我们总在有意无意地与人对话，即使我们看似单独一人，没有一个具体的对话者，实际上我们却仍在借用各种聊天工具与虚拟世界的另一个人对话，而我们唯独没有什么时间与自己对话，在那样的对话里，无需发声，也不需要手指在键盘上的操弄，在那个清朗的世界里，音乐、月光和情感浑然一体。正因为我们总是跻身于这个或那个人群之中，我们逐渐对"人"这种生物产生了审美疲劳，我们对人、对人性、对人的精神失去了儿童时代充满的好奇，因此每到节假日，我们所谓的"休闲散心"，实际上就是逃离人群、避开喧嚣、寻找天地、寻觅孤独。无形中，"人"在我们的心目中已然不是宇宙中最奇异的"美"，却成了一种破坏美的力量；"人"不再是大自然中最富有灵性的生命，却成了我们最急于解脱的精神压抑。我们涌向城市，却对人毫无兴趣；我们每天与人打交道，却对人充满倦意，这是生活的现实，也是现实的可悲。

自成一片世界

拥挤所带来的喧闹驱散了我们所拒斥的孤独，却也搅乱了我们所渴望的内心的宁静与闲情，使我们变得心烦意乱、心浮气躁；宁静与闲情赋予了我们发现他人之美、阅读自我之美、欣赏生活之美的可能性。很多内心安宁娴静的人常常并不特别偏好旅游，因为他无需在身体的四海云游中发掘生活的新奇，即使在最平淡而熟悉的生活环境中，他一样能够窥见美感并享受欢乐，就像一双敏感的耳朵即使在人声鼎沸的嘈杂中一样能听见一根绣花针落地时那一声清脆的"叮"。对他而言，"日新月异"是日常生活的本相，看似单调而千篇一律的朝朝暮暮、日复一日并不使他乏味，他能在自己熟悉的环境中意趣盎然地宜室宜家，他对生活的热忱无需太多外部环境变迁的刺激，因为他始终有着新鲜的目光、清静的心灵。我认识的一位老者即是如此。他一早起床，提着鸟笼去公园，在他打太极的工夫，他的鸟在一旁的树枝上左顾右盼、自顾自啁啾歌唱；上午他与老友相约，开开嗓子、摇头晃脑唱会儿京剧；中午吃完饭，看会儿报纸，戴上睡帽小憩片刻；午觉结束，换上巴拿马草帽、戴上手套，侍弄花草，他的花花草草养得格外漂亮迷人；下午，妻子为他端上一些茶点，两人坐坐吃吃、聊聊天；偶尔他也摊开文房四宝，练练字画；晚饭过后，他去散步，顺便买点东西；然后回家与妻子一起看看电视、说说话、吃点夜宵，然后睡觉……可能因为长期练太极，这位老先生腿脚灵便、身手敏捷，常常会路见不平拔刀相助，还有过一路"抓小偷"的行侠仗义之举——只字片语不尽这侠骨柔情、充实而自足的生活。

我在书里还读到过一位九十二岁的老人，虽面对月亮几十载，但每每置身于广阔的天地中，抬头仰望苍穹时仍会深情感叹："今夕何夕？月出皎兮！"

所以，生活在大城市人山人海的拥挤中的我们，为了不丢失对人的尊重与敬意，为了重拾对生活的热情，比任何地方的人都更需要孤独。当我们不用被迫地与他人对话，才可能恢复与自我的对话。人是通过思考自我而非思考世界来初次亲近智慧的，正如人是在自我批判而非批判他人的过程中展示其勇气的。当我们真正体验到了孤独的美好，我们才真正学会了品味自我；品味自我才能品味生活、品味生活中的他人，孤独令我们更懂得生活，也更珍惜"人"。

思想使独处其乐无穷

我们很多人对"孤独"抱有种种误解，比如，我们常以为"孤独者"是一个无趣乏味的人。事实正好相反，一个真正的孤独者是最丰富有趣的人，孤独者并非因为无可奈何、百无聊赖而不得不独处。他的孤独是他自行选择的消遣方式。一个独处时优游度日的人，他自成世界，他的心智犹如一个开掘不尽、取之不完的宝藏，提供给他源源不绝的精神资源、生命营养。我认识的一个同龄人告诉我，在无所事事的时候，他会随便跳上一辆公交车，坐到终点站，再任意换坐另一辆公交车，坐到另一个终点站……他觉得漫无目的地一路游走，一言不发地看着沿途的街景、人景很有意思。不知道为什么，当我听他说的时候，我禁不住微笑，未曾亲历，却能感受其中的浪漫。另外，有一个小朋友，为了写一篇关于喇叭花的日记，她坐在小板凳上在一朵喇叭花旁边守了大半天，等待着她悄然开放，而在她的日记里，我读到了这样的一句话："我守护着喇叭花的成长，而爸爸妈妈也以同样的专心守护着我的成长……"那一刻，我看到的是一朵娇嫩心灵的悄然绽放。

一个甘于孤独的人必定热爱思想，因为能令形单影只变得充满乐趣、充满创意、散发出诗情画意的唯一源泉就是"思想"。孤独者的情趣是思想者的情趣——因其宽广而久远，因其无限丰富而通达永恒。思想使独处其乐无穷。就像哲学家帕斯卡所说："人只是宇宙中的一颗微粒，可人的头脑却能思考整片宇宙。"独处是最佳的读书时光，我们可以贪婪地饮用智者用一生总结出来的智慧，与他们发生超越时空的精神共振。有时，我们内心某个晦暗的角落会因为一句话而被瞬间照亮；有时，他无声地说出了我们的想法，他看我们比我们看自己更通透，那一刻，我们感觉到的是一种"理解"的美妙，一种豁然开朗的安宁。独处使思想的流淌更为畅通。我们暂别了生活的人流，却结识了心灵的知己，他们跟我们永远在一起。有时，独处使我们不知不觉滑入一种近似发呆的时间停滞状态。我们倚着树，凝望着远处天际的云，久久地出神，渐渐地，我成了云，云成了我，云点化了我的心。那一刻，我消失了，世界也消失了，我只如流风中的飞雪、空气里的一缕幽魂，因自然翕合而聚散，随生命呼吸而流转。借用道家的语言，我们是在天地之间"羽化"，与道、生命和自由融为一体。那时候，一只随风起伏翻转的塑料袋在我们的眼中也可以充满诗意，饱含人世的哲理；一片枝头摇曳的黄叶，也足以通达我们的心底，化作生命的一则隐喻，激起我们无限的感慨。自我与外界的隔阂，因为这份独处时的神交而冰消瓦解，渐入物我两忘的和谐一体。

享受孤独

不要去装扮孤独，摆酷拗造型终究无济于事，假的真不了，形式无法替代精神。不要惧怕孤独，那既然是我们的命运，我们就当珍惜。珍惜属于自己的一切，包括痛苦、烦恼和孤独。这份珍惜会带来幸运，因为孤独总在催生思想，灵感总是给孤独者特别多的厚爱。思想者千差万别，而他们往往有一个共同点：他们的思想在孤独中萌动，在孤独中酝酿，在孤独中降生，在孤独中历久弥香。《瓦尔登湖》的作者梭罗是如此、《一个孤独者的散步》的作者卢梭是如此，康德如此，尼采也如此……

我们常将孤独与寂寞混作一谈，因为人们总觉得他俩是难兄难弟，他们共同的父亲是——孤单。人们因"孤独"或"寂寞"而生的哀叹，本质上源于人对孤单的恐慌。这种恐慌甚至超过孤单本身带来的空廓。人注定要承受属于自己的一切，在这一点上无人能够分担，无人能够代劳，再爱你的人也束手无策。我们的命运只能自己承担，我们的孤单终须自己面对。我们对孤单的惧怕很多时候不亚于我们对死亡的惶恐，或许两者一脉相承，因为对我们很多人而言，死亡意味着永远的孤单。我们像逃避死亡一样逃避孤单，对于死亡，我们选择"忘却"，对于孤单，我们选择相似的方式——"掩盖"。于是我们想方设法呼朋唤友，以虚假的繁荣来掩饰内心的怯懦。但是如果我们拿出一些勇气来问问我们自己：当我孤单的时候，我就让自己这么孤单着，不躲也不藏，又能怎样？我承认孤单，迎向孤单，顺从孤单，把自己托付给孤单，结果又会怎样？我倒想看看，孤单究竟能把我怎么样？

当人不再惧怕直面孤单，而是坦然地安于孤单，那么他也就懂得了尊重孤单，学会了将孤单视为生活之友，而当他在善意地感受孤单的同时，他已然成长为享受孤独的思想者。

寂寞与孤独确是同父异母的兄弟，都是孤单的嫡传，只不过，寂寞是面黄肌瘦的孤单，孤独是体态丰盈的孤单；寂寞是冷僻的孤单，孤独是温情的孤单；寂寞是轻贱的孤单，孤独是高贵的孤单；寂寞是残缺的孤单，孤独是完满的孤单。其差异源于他们从不同的母亲那里沿袭了不同的品性：寂寞是空虚与孤单的孩子，而孤独则脱胎于思想与孤单的结合。

Part ②

换一种看法，
便是换一种活法

　　人的精神若找不到可以长久安顿的"家园"，也就谈不上"归属感"，那人生只是一次漫无目的的漂泊，看似四海为家，其实无家可归。

现在回想起来，曾经的我也像大海中的一叶舟，完全失
去了方向感，
漂漂荡荡，无依无靠，到哪儿都是流浪。

怎样的人生才算成功?

我为什么而活?

有一个朋友,多年前的一天将近凌晨的时候,我接到他的电话,电话中他的声音明显有种并不多见的忧伤。他说他辗转反侧、难以入睡,干脆就起床在阳台上站一会儿。眼前黑暗中的一切景物都是他再熟悉不过的,闭着眼睛也能分毫不差地说出那些圆楼顶、方楼顶的具体位置。他觉得那会儿四周黑魆魆的宁静应当有助于酝酿睡意。可事与愿违。不知道为什么,那天的他只是觉得一切离他那么远,所有的黑影看起来都是那样的空洞。他突然问我:"这个世界到底跟我有什么关系?我究竟是为了什么活着?"

我的朋友感到有种难以名状的害怕,于是逃也似的躲进房间,可是那种陌生感、疏远感却并没有被他锁在阳台门外,而是阴魂不散地紧跟着他,弥散在房间的每一个角落,笼罩于每一样物件之上。"房间里什么都不缺,可我为什么觉得自己一无所有？有什么东西是真正属于我的？"他问我，可我觉得那更像是一句自言自语。

在我们这些普通人眼中，他算得上一个不大不小的"成功人士"，相貌堂堂，性格开朗，有房有车，工作稳定，收入可观，时不时会在欧洲某一个怡人的海边小镇出现，然后安逸地小住数日。可他却依然感到"一无所有"。

的确，随着对哲学研究的深入，当发现一直以来心向往之的"成功"——比如声望、财富、地位——所具有的魅力在我眼中逐渐淡褪时，我也曾陷入对生命意义的沉思。

我所经历过的最接近"痛苦"的感受，大概就是那个阶段——由于找不到自己"安身立命"的根基，我越来越感觉寸步难行。如果自己不确定想走的路在何方，那么怎么走都是歧路；如果辨不清哪里是人生的目标，又谈何"前进"或"后退"？现在回想起来，曾经的我也像大海中的一叶舟，完全失去了方向感，漂漂荡荡，无依无靠，到哪儿都是流浪。同样的，人的精神若找不到可以长久安顿的"家园"，也就谈不上"归属感"，那人生只是一次漫无目的的漂泊，看似四海为家，其实无家可归。

我的朋友那一晚困顿之下提出的问题一如多年前我自己所遭遇的困扰。我很高兴他当时通电话的人是我，但我贫乏的人生经验就像一个简陋的工具箱，很难翻出什么工具来为他人松一松"心结"。我依稀记得我听他倾诉了许久，自己也分享了一些心得。印象较深的是，我对他说"不是世界离你远了，是你离自己的心远了"。

"自我错位"：其实我不懂我的心

我的一个学弟也算一位青年才俊，他十分勤奋，也不乏吃苦耐劳的精神，所以升迁得很快。之后他两年的时间里跳槽两次，收入翻了两番。有一次，他给我的手机发来了这么一条短信，"如果让你选择：A是现在的生活，B是做一个月为所欲为的国王，你可以实现任何梦想，无论多么不靠谱，但是一个月之后你必须去死。你怎么选？"我认真地想了想，回复给他："我选A。你选的是B吧？"他没有立刻回答我，其实也没必要回答。我觉得所有面对这样的选择题有过纠结的人，已经明白无误地选择了B。过了几天，他又发来一个短信"看来，我还是没有找到自己的位置"。——果然，他还是那个我所认识的擅长自医自救的人。他说的"位置"，就是自我定位；他说的"没找到自己的位置"，就是他针对"自己不满意现在的生活"这一症状而得出的诊断结果："自我"不安于现在的"位置"，"自我"出现了"错位"。

我们或许还记得，年轻时常抱怨父母不理解我们的心声，不懂我们的心志，却一心将我们推上他们精心筛选的"人生轨道"，把他们为我们构想的"美好"前程强加给我们，要我们按照那样的蓝图自我定位。比如我身边的一个热衷于绘画摄影的女孩，被父亲逼迫着年复一年参加司法考试。我们知道这是他们为我们"定错了位"，因为那不是我们内心真正渴望的人生，那不符合我们对自己的定位。所以，当他人不了解我们的内心时，他们就很可能会给我们定错位。同样，当我们不真正读懂自己的内心时，我们也会在生活中定错自己的位置，这时就出现了"自我错位"。

说到底，他的困扰和前面那个朋友的问题，如出一辙——当一个人与他的心疏远了，心也就认不出他来了。当我们生活富足、衣食无忧，别人会羡慕我们；当我们功成名就、身居高位，别人会惧怕我们、巴结我们；当我们成为社会公认的"成功人士"，大家都对我们微笑、称赞我们。可是，即使全世界都觉得我是世界上最幸福的人，我就真的幸福吗？如果我的心不认识我了，如果我所做的一切，都不能引起我内心由衷的欢乐和温暖，我的幸福又该去何处找？

你说的"成功",
是"成就外功"还是"成就内功"?

　　一个比我年长的朋友曾与我分享他的一段见闻。他每天早晨要去一个路边摊吃豆浆油条,倒不是因为有多么百吃不厌,而是因为他特别喜欢卖豆浆油条的那一对小夫妻,一个炸油条,一个盛豆浆、擦桌子。一来一往之间,两人常常相视一笑。不言不语,却心照不宣,令他深受感动,忍不住感叹:他们活得多有意思!比我成功多了!

　　他说的"成功",到底指的是什么?

　　我们不妨从"成功"二字最肤浅的字面意思来考察。毫无疑问,"成功"当属于真正的"有功者",唯有真正"下功夫的人"才配得上享受"成功"。那么如何来定义"功"?

　　我小学时最喜欢的枕边书就是金庸、古龙或者梁羽生写的武侠小说。虽然对"功夫"至今一窍不通,但至少有这么一个粗浅的印象:"功夫"并不简单,可分为"外功"与"内功"。初入江湖、舞刀弄枪的侠客们往往努力修炼外功,以此

"成就外功";而真正的武林高手和那些深藏不露的武学泰斗却格外注重修炼内功,因为唯其如此,才能"成就内功"。换言之,武侠书里那些江湖中的"成功人士"大致可粗略地分成两种类型:要么成就外功,要么成就内功,姑且不论两者间是否存在什么内在联系。

基于对生活的观察和思考,我觉得现在的"成功"仍可分为"成就外功"和"成就内功"。或许现代的江湖,与古老的江湖,总体而言,大同小异;此时的"成功"与彼时的"成功"也不无可比照之处。毕竟,我们每天见到的这个太阳、这个月亮,也正是在那个遥远的年代,我们的祖先所看到的同一个太阳、同一个月亮,即使斗转星移、物是人非,有些东西照旧万古不变。正如英国侦探小说系列《马普尔小姐》中那位主人公马普尔小姐一边织着毛衣、一边若有所思地说:"过去或现在,人性总是相通的。"这或许就是中国哲学里所称的"人的本心"——洗尽铅华后最朴素的那颗赤子之心。

那么,若"成功"可分为"成就外功"和"成就内功","外功"与"内功"应该如何定义?各自的评判标准又是什么呢?

所谓"成就外功",其评判依据自然是"外在的标准",

即"外在于我的东西"。"外在于我的东西"有很多，大致可分成两类，一类与我无关，比如天地山河，比如风霜雨雪，比如别人的生活；另一类与我相关，是"我所拥有的东西（What do I have）"。这两者当中，当然只有后者关乎我的"成功"。换言之，我们评判一个人是否"成功"，外在的标准是看他拥有什么。一般而言，一个人所拥有的东西越多，在旁人眼中他就越成功。

在我们拥有的所有东西中，最彰显于外的就是那些我们看得见摸得着的、有形的东西，一般是物质的东西，比如房子、车子、钱、名牌服饰、昂贵的首饰、堆积成山的山珍海味；其次便是那些看似无形、却能用来交换有形之物的东西，比如存款、利润、股份等。这些东西通常被我们称为"功利"。当然，如果一个人主要凭借一己之力能拥有这些功利的好东西，必有过人之处，要么特别勤奋踏实，要么智商极高，要么运气极佳，这的确是一种无可争议的"成功"。普遍而言，我们的社会对"成功"的评判标准十分接近这一种——以"功利"论成败。不可否认，确有其合理性。

除了这些有形的、物质的东西，还有另一类东西，也是我们能拥有的。它不能为我们直接带来物质享受，却比物质享受更温暖一些、更有内涵和亲和力。通常我们称之为"修养"。

修养包括"修身"与"养性"两个方面。"修身"作用于"身体",体现为我们拥有健康的体格、匀称的体型、姣好的容貌;"养性"作用于"性情",指的是我们拥有良好的气质、翩翩的风度、友善的态度。一个人若拥有健康的体格,即使他不名一文,不能享受奢侈消费的快感,但他有健步如飞的自由;一个人若拥有翩翩的风度,纵是一介草民,不具"号令天下"的权威,却能时时讨人欢喜、处处受人欣赏,饱受赞誉。按照美国作家爱默生的说法,"风度是一种力量",也是一张最独一无二的个性名片。

拥有这些东西的人,当然在另一种意义上成就了他们的"外功"。他们何尝不是"成功人士"?只是,很多时候"修养"这种东西显得十分低调、不易察觉,所以当大众讨论到"成功"标准时常常将它忽略。但是,如果我们看看当前社会大众趋之若鹜的种种风尚:人们一掷千金、购买昂贵的健身卡来强健自己的体质,参加五花八门的舞蹈课、瑜伽班来塑造自己的形体,用护肤品、去美容院来保养自己的面容,报名各种各样的情商课、国学班来提升自己的气质、培养自己的仪表风度,就足以见得大家其实在不知不觉中,已然发自内心将"修身养性"作为了一种值得追求的"成功"。

以上罗列的"成功",不论是"功利之功"还是"修养之功",我都将它归为"成就外功"。当然,后者远比前者更贴近我们的内在,不过,两者有一个共性:它们或多或少是可以用钱"买"来的。另一个更为本质的共同点则是:虽然我们能拥有它们,但是它们并不真正属于我们,我们无法永远占有,我们注定会失去。

这该怎么理解呢?我尝试借用英文的语法来解释这个问题,希望这样能使我自己理顺,也使人易于理解:在英文中,这些我们能拥有、能占有、能称之为what I have的东西,都是有一天我们会失去的东西。要知道"to have(拥有)"与"to lose(失去)"是一对双胞胎,从来相生相伴。

比如功利层面说到的权势、金钱、财富——从长远来看,它们始终在人与人之间川流不息,永不常驻。权势从来都是从这个人流向下一个人,从这一朝轮转到另一朝,人们今天上任,明天卸任,权势却一直虚位以待,它不属于任何一个朝代,更不属于任何一个人。金钱的流动速度更是惊人,从西方流到东方,从这个市场涌向那个市场,从这个人口袋里平移到那个人银行账户上,它就像作曲家比才笔下极具魅力的女子"卡门",人人都爱她,她也不拒绝所有人,但她从不属于任何人。

虽然第二层面谈到的那些我们能拥有的东西，看起来与我们关系极为密切，比如"美貌""强壮""气质"，好像它们是真正属于我们的东西，即使他人羡慕嫉妒恨，终究无可奈何，这一点与功利层面的那些东西大不相同，显得实在了许多。可是，我们在自信的同时，却忘掉了这样一个事实：别人拿不走的，时间统统能带走。不论我们是否意识到、是否愿意，时间几乎能无情地卷走一切，包括你和我，哪怕现在的你很美，此刻的我很健康，但"骁将渐衰，美人易老"，世上最忧伤的事莫过于此。这些东西看似属于我们，其实是我们从时间那里借来的，只有一定年限的使用权，却从来没有所有权。

由此，我们或许能更理解上文所说的：那些我们能拥有、能占有、能have的东西，不会在我们身上常驻，它们终究不属于我们，终究会流逝。基于此，它们是"外在于我们的东西"。

那么究竟什么是"内在于我们的东西"？那些真正属于我们，能常驻而永不流逝的东西？有这样的东西吗？它们会是些什么呢？

德国哲学家叔本华在谈论人的本质时，为人区分了三个不同层次。最外层是"我在他人那里是什么评价（What do I look like in other people's eyes）"。这一层最为普遍，是绝大多数人最常关心的问题，即"别人觉得我怎么样？""他们觉得我美吗？""在他人看来，我幸福吗？"——用我们东方人的"面子"二字便可一言以蔽之。在这一层次，与其说我们关心自己的感受，不如说我们在乎的是外界的评价。

中间的层次是"我拥有什么（What do I have）"。我们前面对它已经说了很多。这一层次上的我们将关注点集中于自己的实际所有。

最内层是"我是谁（Who am I）"。探入到这个层次的人相对而言最少，只因它埋得太深，能给出答案的人在人类历史上凤毛麟角。即使说它是一切智慧的起源，也不为过。我们知道两千年前在古希腊德尔菲神庙的石柱上就镌刻着这样一句神秘的箴言，像是一个神谕，或是一个咒语：人啊，认识你自己——由此开启了古希腊辉煌灿烂的哲学世界。

到达"我是谁"这一层的人，追问的是自己的本质，那是一些看起来不清不楚却至关重要的东西：即我的心灵、我的精神、我的灵魂、我的人格。一个学生问过我一个很有趣的问题："老师，怎么才能有人格魅力？"我想了想，回答："很多人看到'人格魅力'四个字，关注的是'魅力'，而忽

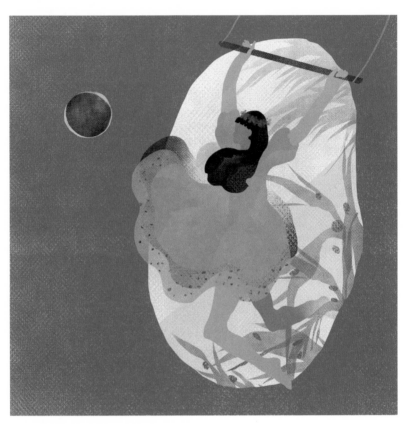

当一个人真正搞清楚自己是谁的时候，
生活就会为他"芝麻开门"，
在他面前将会出现那条他一直在寻寻觅觅的通向幸福的道路。

略了'人格'，这是本末倒置。实际上，人格魅力，根本在人格——一个人的人格有多高，决定了其魅力有多大。前者是因，后者是果，因果必然。"这一层次上那些看不见摸不着、玄之又玄的东西，几乎决定了我们看得见摸得着的一切。而且它们超出了时间的掌控力，即使死亡也无力剥夺。我还记得回答这个问题时的最后一句话："人格力量超越时空。即使有一天，人不在了，人格还在，魅力还在。"

最高的成功，莫过于内心的幸福

有关"人"的问题数以亿计，不论我们从其中的哪一点出发，最终总会指向"我是谁"，就像"条条大路通罗马"。一个人只有知道了"我是谁""我是个什么样的人"，才可能知道"我该往何处去"。"我是谁"是人生抛给每个人的谜团，外人回答不了，欲望越搅越乱，只有真正了解自己内心的人才能揭开谜底，活出自己。而当一个人真正搞清楚自己是谁的时候，生活就会为他"芝麻开门"，在他面前将会出现那条他一直在寻寻觅觅的通向幸福的道路。这里的"芝麻开门"，平时我们称之为"觉悟"。

"我是谁"，这就是那个真正"内在于我们的东西"，它决定了我们的心灵、精神、灵魂、人格，它们真正属于我们，常驻而永不流逝。别人拿不走它，因为它深深地流淌在我们的血液里，弥漫于我们周身，逗留在我们的凝视中；时间也无法卷走它，因为"心灵永远不会有皱纹"⁶。那是一种神圣的幸福。就算没有财富，他可以凭着自己的德性而幸福，像诺贝尔和平奖获得者阿尔伯特·史怀哲博士，他主动放弃了殷实富裕的生活投身于非洲的医疗救助，长达50年；就算失去自由，他可以为人格的完整而深感幸福，像南非前总统曼德拉，被囚禁27年却依然笑容可掬、热爱生活；就算面对死亡，他可以因为此生大节无亏而幸福地离开，像孔子临终前反观一生，自觉可安然去也。"幸福显然就是一件最神圣的事情"⁷，因为它来自心灵的确认与热爱。实现了这样的幸福，也就真正成就了最高的"内功"。

"功利之盛"能压倒人，"修养之美"能愉悦人，"灵魂之高贵"能拯救人。"内功"是"成功"的精髓，唯有它能使人发现并创造幸福。我相信，真正的"成功"必然内含着"幸福"，而人生最高的"成功"莫过于"内心的幸福"！

当然人各有志，对每个人而言，各自心目中真正的"成功"到底是"成就外功"还是"成就内功"，见仁见智，不尽相同。但是有一点是肯定的，要成为一个全面发展的"成功人士"，恐怕还是应当尽力既成就外功，也成就内功。正如一个美好的女子往往"秀外"且"慧中"。这是一样的道理。我们的祖先推崇一个人在生活中应当尽可能"内外兼修"——"修炼外功"以保障"物质生活"的充实与丰富；"修炼内功"以欣赏"精神世界"的海阔天空，实现灵魂的安宁与幸福，那是至高的、纯粹而甘美的欢乐。

在我们生活的这个时代，当我们因为追求成功的人生而逐渐疏远心灵时，当我们在功利世界迷路而找不回自我的精神家园时，当我们在财富的激情飙升后感受不到幸福的温柔时，或许我们需要常常这样提醒自己："幸福是人的最高利益"[8]。

风度不是造作，
而是内在气度的自然流露

风度，是一个人所具有的美好人格修养自内向外的映射，是强大而自信的精神力量的自然渗出。正因为他的心灵生活是如此丰富如此充实如此饱满，以至于不经意间有一部分不由自主流溢于体肤之上、表露在对外的言行举止之中，就像容器里的水装得太满了，就会溢出容器外。这就是我们平时所谓的"溢于言表""自然流露"。

风度透露了你的精神力量

在日常生活中，这样的一些情况屡见不鲜：有时候一些人对自己曾经面对危机如何保持冷静、在绝境中巧妙周旋最终力挽狂澜的经历说得头头是道，听者无不信以为真、心生敬佩，那一刻我们以为遇见了一位"超人"，结果却证明此人不过是一个夸夸其谈、平庸无奇的俗人，就像一个小男孩向同伴们描述他是如何毫不畏惧地应对十条狼的围攻，事实却是当时的他被一只恶犬吓得魂飞魄散，一路连滚带爬、疾奔逃亡；有时候一些人漂亮的履历上罗列着他曾经参与的重大项目、高峰会议，他在其中扮演的不可取代的重要角色，旁人了解之下才得知他当时的角色不过是端茶送水、例行公事，并无可圈可点之处，更谈不上什么特殊的贡献……这些情况有一个共性：名不符实——明明其内是"一"，却欲放大成"十"；明明事实是"十"，却竭力想乔装成"百"。

对于一个真正有风度的人，情况往往相反，如果我们感受其"一"，那么定然其内有"十"；我们感受其"十"，那么定然其内有"百"。他们有很多过人之处，但往往羞于夸耀自己。这不难理解，自己夸自己本来就是一件让人尴尬的事情。写到这里，想起了多年前看到的一个电影桥段。一个少不更事的年轻人向他的老师——一位德高望重、备受敬重的英国绅士提问："他们说英国盛产绅士和淑女，那么你是绅士吗？"当时看到这里，我心下沉思，这是一个多么难以回答的问题——你若坦然承认自己是绅士，似乎多少显得骄狂自负，而印象中绅士应当是谦逊低调的；如果你说你不是绅士，那么对于眼前这位真诚求教、心怀期待的年轻学子，又将是一件多么让人沮丧的事情啊！结果，那位老师沉默片刻，回答："I am always trying……（我从未停止过努力成为一名绅士）"——完美的答复。

　　真正有风度的人，亦如这位绅士先生，他们的一言一行往往平易近人却不失尊严、客观公正却饱含仁慈，举手投足之间总带着对事的慎重与明理、对人的理解和关怀，这令我们大多数人或惊奇、或钦佩、或若有所悟、或感慨万千。当然这并不意味着他们的判断总是正确的、他们的决定总是最明智的，他们也会犯错，和其他人一样。因为他们是凡人，和其他人一样，而凡人难免犯错。但是和其他人不一样的是，他们虽羞于夸耀自己的才能与贡献，却勇于承担自己的罪责与过错，他们会发自内心表达诚挚的歉意，更竭尽全力、想方设法予以补救，这常常使他们更容易得到旁人的理解与宽谅。然而，当他们的过失造成了对无辜者的伤害，他们对自己的宽恕相比于别人的，往往来得更迟更艰难。这件事在他们的记忆中留下的疤痕相比于别人的，也往往更久更深刻。小时候，长辈常说"做一个人，终归要对自己有点要求"，而这些人相比常人，对自己的要求特别高。曾在某一本书里读到傅雷夫妇的故事，书中记述他们夫妇二人迫于种种绝望的处境，决定与这个世界告别，于是将自己装扮一新，待夜深人静时，先后撕下被单在铁窗横框上自缢而亡，其中有一个细节，他们把厚厚的被褥铺在地板上，生怕深夜动静太大影响到别人。有些人对自己的要求特别高，即使是死，也是如此优雅。

真正的风度具有一种令人心悦诚服的强大精神力量，这吸引了少数几个潜心修行的人和一大批图慕虚名的人。前者经年累月、上下求索、专心致志、修成正果；后者求成心切、心浮气躁、不求甚解，只知其然而不知其所以然，觉悟不到"风度"的真精神，所以只学会了一些不得要领的"皮毛"，就自顾卖弄、四处兜售了。既然是"皮毛"，当然是"表面文章"，经不起仔细的推敲和深入的研究。后者为了避免自己破绽百出，只能像上文提到的那些名不符实的人那样尽力"以一充十""以十当百"，通过虚张声势、故作姿态来弥补那亏空的"90%"，就像穿上了一件本不属于自己的衣服，难得摆摆造型尚可，真活动起来往往捉襟见肘。真正的风度是一个人自然而然流露出来的精神世界的丰富和充实，而乔装出来的风度则是一个人在竭力掩饰他内心的空虚和贫乏。

道德是孕育风度的种子

风度之美并不在于其流露在外的"翩翩姿态"或者"优雅举止"，不在于那一挥手一抬眼一低头，这只是"风"。风如过雨，倏忽即逝。风度之美之所以能让人如沐春风，之所以能深入人心，风度之"风"之所以如此"养眼"，全在于其下之"度"是如此"养心"。

　　记得多年前一个学生在期末考试的试卷上写下这么一句话：一流高手之间比的总是胸襟气度。我深感认同。一个人的风度本质上取决于他的胸襟气度；一个人外显的"大家风范"，归根到底源于他内有坚强的意志和温柔的心。这使得他能凭一己之力理解费解之事、忍耐不耐之苦、放下难放之怀；也使得他在任何情况下都会心怀公正、待人仁爱，对旁人的欢乐感同身受，对他人的苦难不忘将心比心。"对强者，他将他们视为自己的兄弟；对弱者，他将他们视同自己的孩子"⁹。追根溯源，风度源于一种最古老也是最伟大的力量：道德。风度之优不在于言辞之间的滔滔不绝，不在于举手投足中的风流倜傥，风度的本质是一种震慑人心的道德力量。

　　人的"气度""尺度""高度""宽度""深度""风度"最终会化为一个人"信手拈来""自然流露"的天性，而非有意识地矫揉做作，但这并不意味着它们完全"自然天成""天性使然"。"风度"的成因绝不是随随便便、不假思索的本能，而是基于对德性深刻之思考、对举止审慎之取舍；"风度"固然最终外化为一种无心之举，但这样的"无心"恰恰来源于长久的"良苦用心"。"无所在等于无所不在，无心意味着无处不用心"。真正的"风度"必须是经过深思熟虑和严格教养而修成的正果。教养的内容：公正与仁爱。教养的核心：道德。

　　我们常误以为"道德"是一种精神的约束力，限制着我们不敢恣意狂放，却不知"道德"实在是美好人格的驱动力，正是它在滋养着我们的"风度"，使之摆脱虚伪与低级，超越自私与恶意，既蕴含有一份温柔动人的单纯与慈悲，又能释放出一种震慑人心的痛快与力量。就像斯蒂芬·茨威格笔下的苏格兰女王玛丽·斯图亚特在临刑前的最后一句遗言便是："我宽恕你们。"

　　如果"风度"是一朵优美的花，那么道德便是孕育它的那颗神奇的种子。正因如此，风度可能是朴素的或者华丽的，但绝无可能是卑微的、做作的、骄纵的、伤人的；风度可能是深沉的或者飞扬的，但绝无可能是无知的、肤浅的、小家子气的。真正的"风度"对人性的明与暗有着很深的洞见和同情，对生命的喜与悲有着透彻的领悟和释怀，在欢乐中它是对欢乐的铭记和珍惜，在痛苦中它是对痛苦的承担和宽恕，痛过之后还是善，苦过之后还是热爱生活，像极了木心先生所说的"不知原谅了什么，诚觉世事皆可原谅。"

　　真正的风度没有大小之分，它只能是大的——大胸襟、大气度、大心量、大觉悟、大关怀……而在这卓然高贵的姿态背后，是道德广博深厚的大爱。

要自信，不要自负

自信者与自负者

跟很多人一样，我欣赏自信的人。一个充满自信的人不仅能使其他人在与之亲近的过程中不由自主对他抱以信任，而且他往往具有一种难以抗拒的影响力，其他人如果长期在他身边，耳濡目染他遇事时的冷静沉着、待人时的不骄不躁，常常会不知不觉深受其感染，在自己的待人接物中也会自发地以他为效仿的榜样。

同时，跟很多人一样，我不喜欢自以为是的人。我们也称他们为自大者、自负者、刚愎自用者。他们总是坚信自己的判断、自己的才干、自己的选择，即使旁人能提供与之相反的明显的客观事实或提出另一些颇有价值的方案，他们依旧视而不见、听而不闻、固执己见、一意孤行。他们给我们的印象毫无疑问也是"自信"的，但是当我们在团队或者集体中遇到此类人时，我们总觉得这样的"自信"很多时候不是"明智"，而是"无知";不是高瞻远瞩的"达观",而是闭目塞耳的"狭隘";不但无助于高效地解决问题、带来整体的"发展进步",而且以盲目的独断阻挠问题的根本解决,造成毫无价值的"内部消耗",甚至直接导致关键时刻的失败。

美国陆军史上最年轻的"西点军校校长"麦克阿瑟,这位天赋异禀、赢得最多美国奖章的军事将才,这位像迎接每一天升起的太阳那样迎接战争的五星上将,这个"勇敢者中之最勇敢"的英雄人物,就因为他拒不承认错误的"傲慢自负"、绝不容忍批评的"目空一切"而在朝鲜战争中惨遭溃败,造成了无可挽回的历史过失,最终被总统杜鲁门忍无可忍地解职。

自负是"变了质"的自信

我们每一个人都渴望成为一个自信的人,而没有一个人愿意被他人指摘为"自负"。但是很多时候,我们又会发现"自信"与"自负"之间的界限似乎并不像其字面上看起来那样泾渭分明、清晰可辨。

在青年学生中常有这样的情况,初入文学、哲学领域,对盛名远播的前辈学者方才略知一二、其人其作还不明究竟,就

真正的自信者，
会用一生的时间来探索什么是力所能及之事，
会每天都用一定的时间来反省自己的不足之处。

开始夸夸其谈、指手画脚、评点江山。大多数情况下，这些学
生只是暴露了自己的"才疏学浅"和"自命不凡"。我的老师
们凡是碰到这样的学生，就会向他推荐一两本相关的著作或文
章，有时会淡淡地补上一句"你似乎太过自信了……"言下之
意，应该是在暗示对方犯了"自负"的毛病。我们很多时候看
起来自信满满，说起话来铿锵有力、掷地有声，事实上不过是
夜郎自大、自视过高罢了。

我们常把"自负"误当成"自信"，因为它们有着一个共
同的前提："自信"毫无疑问意味着"相信自己"，"自负"
也是一样，指的就是对自己深信不疑、执意坚持。它们的关系
十分微妙，就像由同一束光投射而成的"明"与"暗"；就像
同一张塔罗牌正立与倒立之间区分的"好运"与"厄运"；就
像同一枚硬币随意抛向半空，落地瞬间不可预测的"正面"与
"反面"；就像麦克阿瑟的前半生，卓越的才能为他构建起无
可撼动的"自信"，这"自信"助他成就了无与伦比的辉煌，
但是伴随着一枚接一枚沉甸甸的勋章在他的胸前闪闪发光，民
众迎接他时一浪高过一浪的欢呼呐喊，他的"自信"逐渐充满
"负气"而不断自我膨胀，膨胀的力量如此巨大，以至于倾翻
了一名职业军人最为看重的军纪，排斥了上上下下所有人的意
见和建议，最终不惜与自我的理性为敌。"一个人的性格就是
他的命运"[10]，冥冥之中他的命运就这样在后半生被神秘地翻

转，璀璨渐入暗淡。应该说，麦克阿瑟是幸运的，因为他总是那么自信，但不幸的是，他的"自信"过了头。

现在我们仔细想想其中的道理，就不难发现：所谓"自信"与"自负"，其实呈现在外的表象十分接近，都是"相信自己"，而它们的本质差别则在于"程度"相异。若"自信"保持"适度"，才是真正的"自信"；一旦"自信"过度就变质成"自负"了。

日常生活中我们常常会忽略"度"的差别，以为那是无关实质的小问题，却不知古人所说的"失之毫厘差之千里"是何等的真理，绝大多数的"质变"都起始于点点滴滴而渐行渐远的"量变"。

就像我们对孩子的爱，"适度"便是真爱，"过度"就成溺爱，不但无益于孩子的身心成长，还有损于他们健全人格的塑造；美其名为"爱"，却早已在"过度"之中偏离了"爱"的本质，反受其"害"；口口声声"为他好"，却已然成为了无形之刃，切割了他最为宝贵的"自由意志"。同样的道理，"自信"一旦过度就会变质，"自负"便是那"变质"了的自信，就像变质的牛奶不再是单纯的牛奶，而多了好多奇怪的化学物质，不再是人体所需的营养，而是危害健康的毒药。当

"自信"过度而变质为"自负",就与真正的"自信"全然无关,那不再是人格的闪光点,而是铸成了个性的污点,不但不利于人,对己也相当有害。

没有"自知",就没有自信

那么到底是谁在"自信"与"自负"之间画下了不可逾越的边界?又是什么"度"区分了所谓"适度"与"过度"?

古话说"知人者智,自知者明",日常生活中我们常以"明智"二字用来赞美头脑清醒、举止得体的人。而人们将"明"放在"智"之前虽可能是一时无心之作,却似乎包含了一种奇妙的直觉和天然的逻辑:不明,何以能智?看不清楚、看不真切,何以能想得明白、想得透彻?因此要达到"智",必先要"明"。

何以明?——"自知者明"!

我们前面提到的"自信"也好,"自负"也好,有一个相通之处:相信自己。而它们两者的不同之处恰在于:是否"自知"?是否自明?也就是,对自己有无清醒的认识?

　　换言之，"自信者"首先当是自知者——冷静地看清自己的能力，公正地评判自己的水平，包括自我之所长、自我之所短，然后相信自己能扬长避短、取长补短；"自负者"则相反，往往是不自知者——看不清自己的真实水准，掂不出自己几斤几两，所以无法客观公正地评价自己，于是过高地估计自己，盲目地相信自己无所不知、无所不能。

　　由此可见，"自信者"与"自负者"的本质差别就在于——"自知"。古话又说：人贵有自知之明。"自知"竟然被祖先前辈们视为"高贵"之事，可见不是什么唾手可得的易事。那么，"自知"究竟贵在哪里，又难在何处？一个自信的人应当自知些什么？或者说，一个自负者与真正的自信者相比，他的"不自知"到底体现在哪里？他不自知些什么？如果我们找到了这个答案，或许也就能顺藤摸瓜，发现"自信"的秘诀。

　　"自知"，无可厚非，就是要"知我"。那么一个真正自信的人应当要"自知"些什么？首先，当然是"知我所能"——我的专长、我的优势、我的强项。自知了这些，才能摆脱自卑，建立起初步的"自信"。

　　但单单是"知我所能"，看到自己力所能及之事、过人之处，却不知"我所不能"，看不到自己力所不能及之境、不可企及之人，就会变得故步自封、妄自尊大，真以为自己"无所不能"，久而久之，错把自己当神。一个人一旦成了"神"，就意味着"与天齐高""逍遥法外"，这就是典型的"无法无天"。眼中无法，意识上也就关闭了理性，心内无天，精神上也就抛弃了敬畏。丧失理智则近乎疯狂，无所敬畏则难逃自我毁灭。"上帝要谁亡，必先使其狂。"这正是"自负者"的症结所在——不够全面、不够完整的"自知"——知我所能，却不知我所不能，进而误以为自我无所不能。肉体凡胎，注定有喜怒哀乐、悲欢离合，不正是因为没人能真正做到无所不能吗？

自负，说到底，往往是井底之蛙无知而盲目的自欺欺人。更何况，人与人的爱好、志趣、理想各不相同，一个人如果能专心致志于自己情有独钟之事，尽其力、显其能，已是很大的幸运、非常的幸福，又有什么必要追求事事皆通、无所不能呢？

"能"与"不能"之间的人生自在

我所欣赏的自信，基于完整的自知——不但知我所能，而且还要知我所不能。两者缺一不可。单是"知我所能"会使人狂妄自大、自负骄傲；单是"知我所不能"又会使人盲目自卑、妄自菲薄。这两者都偏离了清醒的自知，进而远离了自信。"自信"既不自卑，也不自大，恰是这"自卑"与"自大"两个极端之间那个近乎完美的平衡点，那条不偏不倚、恰如其分的"中道"，所以有时我们给自信一个别称——"不卑不亢"。

"极端"如同"黑白"，非此即彼，太过极致纯粹，"中道"则如"灰"，有近乎白略带黑的浅灰，有接近黑而少掺白的深灰，其间还有各种比例调和之下的这灰那灰种种灰，层次不同，变化多端。

"我所能"与"我所不能"不论孰多孰少，总会贯穿每一个凡人的一生，每一个人都有"我所能"与"我所不能"，无一例外，差别只在不同的人有不同的"能"与"不能"的调配比例、具体内容，比如有的人相对而言更全能一些，五花八门皆有涉猎，有的人则专注一些，不懂经济金融、时尚流行，却精通医术。

就像苏格拉底所说："我知道得越多，我所触及的未知领域也越广阔。"换言之，随着我们知识的深入、阅历的增长，我们会发现越来越多的"我所能"，而同时，"我所不知""我所不能"的领域也在随之无限扩大，世界并不因为我们渐趋充分的"认知"而变窄变小变无趣，相反，它会随着我们视野的高远、心胸的开阔而越来越宽广、越来越奇妙，于是"自信"便成了我们在"能"与"不能"之间流转游移的人生自在。

当然，"自信"不只是基于清醒的"知我所能"与"知我所不能"的知性认识，也不仅仅停留在为人处世的过程中自我心态张弛有度、收放自如，"自信"还需落实为一些更具可操作性、有益于更多人的东西，我称之为"行动"与"事实"。

"知我所能，我所能者，尽善尽美"；"知我所不能，我所不能者，虚怀若谷"。

真正的自信者，会用一生的时间来探索什么是力所能及之事，对于它们，我要尽可能做到完善，不是敷衍、不是应付、不单求完工交差，而是要言之必行、行之必果、竭尽全力、善始善终；同时，真正的自信者，每一天会用一定的时间来反省自己的不足之处，对于我不懂、做不好的东西，我要保持谦逊、保持尊重、保持风度。

这是我勾画出的"自信"和"自信者"的精神样貌。不过，"知我所能"指的不仅是知道什么是在可见的能力范围之内、我做得了的事，比如搬柴送水、洒扫应对，更至关重要的是，"知我所能"意味着深入挖掘自我尚未展露的潜能、了解自我内在的天分，然后尽己之力使潜能得以充分发挥、天赋获得最大程度的施展。

就像小鸟知道自己是小鸟，它的天分、它的"所能"是"飞翔"，广阔的天空和静谧的树林是它心之所属的那片精神的故乡；小鱼知道自己是小鱼，它的天分、它的"所能"是"游泳"，在潮流汹涌的江河湖海中随波逐浪便是它生命的归宿。

对于每一个拥有自然的、独特的天分的人，他的内心深处都静卧着一块无可忘怀、欲罢不能的人生舞台——在那里，我愿意像火一样纵情燃烧、似烟花般极尽绽放。

Part 3

谢谢你，陪我一路同行

　　那些在我们失意之时闻风而散的往往正是原本蜂拥而至的人。而恰恰是那些责备我们轻率、批评我们自以为是，让我们懊恼不已、败兴而归的人，在此时会源源不断地提供最强大的精神支持。

与朋友在一起，我们不期待得到任何东西，
仅那份彼此无需设防的内心松弛、不刻意的流畅自如，
已然使我们心满意足。

爱，无富贵贫贱之分

小时候，母亲不止一次给我讲过一个老鹰和小鹰的故事。她说，在一只高大的老鹰羽翼丰盈的翅膀下蜷缩着一只翅膀刚刚长硬的小鹰，它懵懵懂懂地依偎在母亲的保护之下。为了让它真正学会展翅飞翔，老鹰将它带到一处悬崖边，刚开始只是用脚爪将它从身边推远，但每一次小鹰都扑腾扑腾退回原地、畏畏缩缩不敢尝试，最后一刻，老鹰挥动它强有力的翅膀，一把将小鹰推出悬崖峭壁。伴随着极速的下坠，小鹰拼命地在无序的气流中翻腾挣扎，情急无奈之下，它只好展开双翅尝试着恢复自己的平衡。突然，极速的下坠暂停，世界一下子豁然开朗，在它的身下呈现的是山峦起伏、一马平川，在它的眼前是无边无际的蓝天白云、万里长空。由此，它开始了自己的生命历程。

原先，听到这个故事，不经世故的我都会联想到躲在母亲关爱庇护之下的自己，禁不住感叹老鹰妈妈究竟是抱着什么样不可理喻的心态，非要将自己亲生的、羽翼未丰的小鹰推下悬崖。万一小鹰不能及时地伸展双翅，掉入万丈深渊，怎么办？即使小鹰学会了飞翔，可从此以后，不论前途有多少艰难险阻，它必须独自穿行在空旷的天地之间、不可预知的命运之中，得不到保护，或许也得不到安慰，难道身为父母的老鹰不曾想过，不会心有不忍吗？

而现在，我好像领悟到，小鹰独自承担起生活的喜怒哀乐体现的是一种独立直面生活的勇敢；而老鹰们在悬崖边最终施予小鹰的那奋力一推，何尝不是怀着一种深沉的悲壮？让自己深爱的孩子完全独立，何尝不是一种饱含不舍却充满信任的矛盾心情；何尝不是一种非凡的远见，蕴藏着惊人的勇气和深厚的爱？

每每想到自己有着这样一对深明大义的父母，我都忍不住为自己感到荣幸。因而，不论他们是否富有、是否手握权柄、是否身居高位、是否担任要职，都不能改变他们对我而言是"高贵的人"，是今后生活中值得我学习的榜样。

同样，如果我们有过这样的经历：在生命的每一个重要阶段，当我们获得成功，我们身边常常会冒出"一些虚假的朋友和一些真实的敌人"[11]，那时只有真正的知己好友会"不合时宜"地给我们必要的规劝与忠告；那些在我们失意之时闻风而散的往往正是原本蜂拥而至的人，而恰恰是那些责备我们轻率、批评我们自以为是，让我们懊恼不已、败兴而归的人，在此时会源源不断地提供最强大的精神支持。我们不会怀疑，这样的一个朋友，不论他是贫是富，他始终宝贵。

在我们与恋人的相处过程中，往往会经过较长一段时间并不轻松的磨合，然后我们透过他的眼睛、他的思考，看到的是一个相比于认识他之前更自由、更欢乐、更充满希望、更深情款款的新世界；因为他，我们比之前更懂得热爱自己的生命和生活，也学会了如何去珍惜他人的生命和生活；偶尔我们反躬自省、与认识他之前的那个"我"相互对照，发现自己不知不觉中正在变成一个更真诚、更勇敢、更坚强、更通情达理、更值得自己尊敬的人；当我们与恋人因为生活琐事或习惯差异而争吵，情绪激动之后选择冷静一段时间，却发现我们的胃口、活力、兴致也不可救药地随之一同冷却，此时，我们会明白，有这样的恋人相伴，我们是幸福的，也是幸运的。他带给我们的是弥足珍贵的爱情。

有一次，在我和朋友们讨论爱情时，达成了这样一个共识：真正的爱情"爱富不嫌贫"。不论怎样，爱情无限美好。物质上的丰裕当然是好事，它可以为"爱情"锦上添花。两个人用爱情构筑起的"属于王子与公主的梦幻宫殿"会凭借着

"富有"而轻松地得以竣工。但是"富有"配制不出那使人一口喝下便坠入爱河的魔法"药水";金钱再无所不能，终究收买不了"丘比特"手中的箭。

而"富有"对爱情的另一个巨大的贡献在于：它是爱情的试金石。或许，只有经历过"贫富"考验的人才知道爱情的力量有多强大；或许，最"值钱"的爱人从未想过"值得不值得"的问题。想到张爱玲的一句话：你问我爱你值不值得，其实你应该知道，爱就是不问值得不值得。

面对我们的亲人、朋友、爱人，只要我们有发自内心的爱，那么，无论他们或贫或富，从来不动摇他们在我们心中的"贵"。

寻找"精神家族"
——我们的友情与爱情

血缘关系是人类最古老的关系，也是伴随我们一生的最重要的关系。我们由血缘带到这个世界上来，生活在血脉相连的家庭环境中，感受着来自父亲母亲、兄弟姐妹这些至亲之人的陪伴与关怀。

由血缘这一纽带连接起来的人，彼此的情感往往不是充满激情的、也不是张扬高调的，但却最根深蒂固、最持久、最能体现"平平淡淡才是真"。

血缘，意味着人与人在生理上先天的亲密关系。我们经常用"血浓于水"这样的词语来激励一个"家庭"或一个"家族"的内部凝聚力，指的就是不论我们身在何方、所为何事，我们应当不忘互相照顾、互相爱护，因为我们终究是一脉相承的亲人，我们是家人。

　　除此之外，我们还有另一个"家族"，它不依赖于生理上的"亲缘"，它不是我们与生俱来的天然归属，我们对它有着自己独立的判断与选择，我们可以随时随意彻底地解除这样的关系，只要我们发自内心这么希望。进入这个家族只需要一个条件：彼此心意相通、精神相合、彼此欣赏、相见恨晚。在此我把它称为"精神家族"，其实就是由精神连接起来的最真挚的"友谊"，或者说，"知己"。

信任，是"精神家族"的唯一信条

　　知己之间保持着最透明、最纯洁的精神生活，透明得可以相互看破，彼此之间总能一目了然、心事洞明。甚至是自己最不愿启齿的想法，你也愿意向他袒露，而他愿意去看，也愿意去懂；在看到了你最丑陋、最不堪的那一面后，他依然愿意握你的手、拥抱你。知己之间的交往纯洁得不含任何原因、目标、意图，就像和另一个自己相处那样，不为社交、娱乐、利益、怜悯、崇拜或任何具体的需要。你和他交往甚至不是为了获得或维持"友谊"，只是他的存在让你感到安心，他的存在打破了你生而孤独的咒语，而这几乎算得上是人间的一个奇迹。所谓"知己"是两个精神之间难以言传的、不可理喻的默契，也是两个灵魂面对面时自然而然卸下伪装的平等与坦诚——当你们不见时，他住在你心里；当你们相见时，你整个人都是一个温暖的微笑。

你与他见面交流的形式往往最为朴素，一张桌子两把椅子，或者只是边散步边聊天，或者什么也没有。我记得我曾和这样的一个好友寒冬腊月在学校的后门口兴高采烈、不知疲倦地交谈了三个多小时，周围人来人往、川流不息，我们却始终全神贯注、兴致不减，直到天色太晚，我才不得不让她走。这样的朴素，若加上一定程度的环境的安逸与舒适，将是知己之间沟通的最佳方式，你不会感到无趣或单调，因为你们的交谈将是你能想象到的最值得做、也最有趣的事情之一，你们深入内心的谈话随着步调一致的理解，总会出现一种天然的音乐般的节奏，时而激昂、时而委婉、时而寂静，你们的语言与沉默代替了音符和休止符，演绎的是你们共同创造并一同享受的私人交响乐章。

你们之间由于心心相印，很多时候会对相似的事件做出相近的判断，如事先约好一般。很多时候对方的一句提醒或一个规劝能恰逢其时地使我们豁然开朗，好像他料事如神，早已预见到你的处境。

　　一个在人生的半途遇到的陌生人，成了你的莫逆之交。他将一把无形的钥匙交给了你，这钥匙随时可以打开他心灵的那扇门，你能自由出入，你会格外珍重。你们之间有着让人难以置信的绝对信任，那将是你们能找到的世界上最美好的东西。

　　原本这样不可动摇的信任是所有人都不敢奢望的神圣之物，因为它们违背了人情世故的基本逻辑，它只存在于我们遥不可及的理想之中，权当是对现实生活诸多无可奈何的一种精神救赎。可是现在你知道那是一个"精神家族"唯一重要的必需品，也是唯一的家族信条，你们必定会保持绝对的信任。因为你们相互交托了"灵魂"，因为你们绝不允许自己丧失理性与善良，因而也绝不怀疑对方的理性与善良。

知己，是心灵世界的家人

　　我之所以称知己关系为"精神家族"，是因为它与"血缘家族"有着相似之处。它源于"投缘"，这"缘"虽不是"血缘"，却也和"血缘"一样同属于不可抗拒的力量。两者的区别只是血缘基于生理的事实，而"投缘"基于心理的事实。知己不是血亲，不符合"血浓于水"的定义，但是"淡如水"的"君子之交"也有着与浓郁的"父慈子孝""手足情深"一样的甘美与不可替代。如果灵魂有血，那么知己应当与我流着相同的血。他也是我的亲人，也是我不可或缺的一个部分。

"血缘家族"是我们生命的"家园"，而"精神家族"则是我们找到了失散多时的心灵的兄弟姐妹。或许正是这样的相似之处，人们才会在生活中把那些常住自己心中的"挚友"唤为"兄弟"，如此，刘备关羽张飞才会这般惺惺相惜，以至于要桃园结义、歃血为盟。对知己的挚爱到了最深厚的阶段，大概就是忍不住要将他从"精神家族"纳入"血缘家族"吧，某种程度上"兄弟"的称呼、歃血为盟的仪式，正是在创造这样的一种"人造血缘""后天血亲"。看似孩子气的言行，其中却充满了热忱与真挚，我们煞有介事地将各自的血滴在水中，待其互融，变得难分彼此，再一饮而尽，从此他们成了我真正的"兄弟"，成了我真正的亲人，成了真正和我血脉相连的人。由此，"精神家族"与"血缘家族"之间有了交集，那可能是我们最美妙的一部分人生。

当然，在这个交集里，除了那些被我们唤为"兄弟""姐妹"的知己挚友，也有一些被我们称为"朋友"的亲人，比如父子之间、母女之间的无话不谈、心有灵犀，也是时有发生的美好事例。幸运的是，母亲和我之间的关系就十分接近这一种。这样一来倒是给了我很多方便，至少省得去特意构思一个足以表示我们"精神亲密"的特殊称呼了：相信她能理解我口中的"母亲"二字是全然发自我的内心，那不只是个称谓，也包含了很多欣赏与感激。

爱情使人永葆青春

还有一类人不可忽视，那就是我们的爱人。爱人必定是我们心灵的选择，不，更准确地说，心灵无力选择爱情，心灵只能臣服于爱情，为之倾倒。爱情是世界上最甜蜜的东西，身处其中的人感觉自己永不厌烦、永不疲惫、永不衰老。尽管它并不总是精神的琼浆玉液，并不总能让人心花怒放、春风沉醉，很多时候，与它的妙不可言相对等的是随它而来的痛苦、创伤、焦躁、迷茫、自卑、多疑、恐惧……但即使如此，"世上一切的快乐仍比不上它的烦恼"[12]，人们总还是无可救药地心甘情愿，"衣带渐宽终不悔，为伊消得人憔悴"。

若问爱河中人为何如此这般全心全意，独独只爱那一个，他看起来并不最美，也没什么独特，却能让你心驰神往、爱得无法自拔，没人说得清这里的奥秘，思前想后，还是理不出一个头绪来。我们只知道，爱情是心灵不由自主的全神贯注。哪怕在熙熙攘攘的人潮汹涌之中，我们的神经仍能像雷达一样确知他的存在，我们仍会条件反射般皱起鼻子嗅出他的气味，我们的目光能穿越众人圈定他的身影，因为我们的灵魂已然不在自己这里，而是放进了他的胸膛。

爱情并不真正使人盲目，他的缺点在我们自己眼中，和在旁人眼里一样清晰。或许爱情可以被归为一种"迷信"，"盲"的不是"目"，而是"魂"。毕竟，从头到尾，你不是用双眼在看他，而是用心灵在感受他；你需要他，只是因为你爱他。

当我写下这话的时候，脑海中顿时浮现出一位可敬可爱的美国学者，65岁，头发都已花白，言行举止中透露着岁月修成的成熟持重。在与他交谈的过程中，我常常听他提到他的妻子，给我的印象是如果他身上有一些美好的东西，很大一部分来自于妻子美好的影响力。我问他："她长得什么样？"他沉思片刻，凝视着我说："对我而言，是天使的模样。"那一刻，我看到的是一个二十岁的他，他脸上的表情郑重其事，但洋溢着内心的微笑与满足。

无意间，我似乎窥见了爱情的"秘密"：爱情能使人永葆青春——当然这并不意味着爱情如传说中的灵丹妙药，能减少时光在我们皮肤上留下的刻痕；而是说，每一个大人灵魂里都

爱情是世界上最甜蜜的东西，
身处其中的人感觉自己永不厌烦、永不疲惫、永不衰老。

有一个"小孩",而爱情能唤醒那个"小孩",使我们返老还童,使我们的心灵活力无穷,让我们变得单纯与虔诚。

毫无疑问,爱人属于我们的"精神家族",我们的精神因他而朝气蓬勃。当我们的心中装下了爱人的心,不但不觉沉重,反倒像鸟儿找到了天空那样能更勇敢更自在地飞翔;他进入了我们的生活,不但没有增加我们的负担,反倒为我们的人生添了一双眼睛、开了一扇门,使我们的世界变得更丰富更广阔。正因为如此,我们才忍不住用"婚姻"这样类似于"歃血为盟"的仪式将这一个"精神家族"中的灵魂人物转型为我们"血缘家族"中的人生伴侣。这也是一种后天创造的"人工血缘",是在"血缘家族"与"精神家族"之间完成的一次富有创造力的伟大跨越。

因为彼此纯真，所以始终信任

我们还有一种误解，认为孤独者独来独往、不合群，应该是一些没有朋友的人。事实上，只有常以孤独之自我意识反观自身的人才可能拥有真正弥足珍贵的朋友。

对"朋友"的滥用

"朋友"一词的滥用，恐怕仅次于"爱情"。正因为频繁遭到误用，人们对它自然而然也就产生了误解，"朋友"一词也因此掉价不少。真挚的"朋友"即是"挚友"，他们不是玩伴，不是酒友，不是寂寞时的慰藉者，不是精神的避难所，也不是基于利益牵扯或实用效果的"人脉"，更不是在场面上随口说说的套话或社交辞令；"朋友"往往不是哄来哄去的一个群体，也不是扎堆出现的一个圈子；"朋友"不是对你的主意或见解都抱以赞同、迎合的人，也不是对你事事妥协、盲目跟从的人；"朋友"不是跟班，不是附庸，也不是陪衬人，而是在人格和精神上彼此对等的人；"朋友"很少是一见如故者，因为心灵的亲近、精神的契合往往需要在时间中的"如切如磋如琢如磨"。

如果我们以为"朋友"就是自己的精神避难所，我们可以不假思索地将自己无力担当的哀怨情绪一股脑地向他宣泄，也不管他是否愿意、生活处境如何，都要他与我们分担我们的烦恼，至少是倾听我们的满腹牢骚，那我们作为"朋友"恐怕显得过于自私了。我们这样做，对我们的朋友不好。或许我们应当意识到，此时的我们是在借"朋友"的名义将他当作我们的情绪宣泄对象、语言垃圾桶，我们毫无节制地让无辜者承受了本应由我们自己消化的怨气冲天——这是一种对友情的滥用、对朋友的损耗，我们实际上在这样喋喋不休的抱怨中浪费了与朋友在一起的宝贵时间。朋友之间分担"苦"却不分担"怨"，因为"苦"是心灵的受难，"怨"是情绪的毒气；朋友之苦往往也是我们的苦，而一个人绝不会忍心用自己情绪的毒雾笼罩朋友的生活，使其遭受污染。

朋友是"无用"的

朋友是"无用"的。我们之所以交朋友、之所以需要朋友、之所以爱我们的朋友，不是因为他们"有用"。朋友不是为了"利用"，不是为了找一个安全的情绪宣泄渠道，不是为了索取安慰，不是为了陪衬自己的优越，不是为了多一个"帮手"或"同谋"，而是为了奉献我们的爱与关怀，为了与之分享心灵的丰富和生活的美好，为了那种相互理解所带来的默契，为了"不时常想起，却无处不在"的空气般的同在感和信赖感。与朋友在一起，我们不期待得到任何东西，仅那份彼此无需设防的内心松弛、不刻意的流畅自如，已然使我们心满意足。我的一个同性朋友是这样描述朋友之间的心领神会的，"执手相看无语，却心事了然"，确实如此，她一句不经意的"我还不知道你吗"常能让我心生感动、备感幸运——你知道我，正如我知道你知道我，无需太多解释，因为你懂。

想起了多年前的毕业时节，我的一位异性朋友即将离开学校去远方工作，而我将留在学校继续读书，临别的前一天，我们在校园里散步闲聊，毕业是高兴的事情，也多少带着些告别的忧伤。他对我说："你是我最好的朋友。分别之前，我可以和你拥抱一下吗？"我还没来得及回答，他却有点不好意思了，支支吾吾地解释："其实，我没有什么特别的意思……当然更没有什么无礼的想法……其实，不拥抱也没什么的……"记得当时我一把将他拉进自己的怀抱，在他的耳边说："不用解释，我明白的。你也是我最好的朋友。希望你今后一切顺利。"我们都明白这个拥抱的意义，这其中没有猜忌，所以为此担心也就没有必要了。

在出现实际的困难时，我们反倒不找朋友帮忙，不向朋友借钱，不要求朋友为我们找工作，不愿意让朋友出面为我们抒平麻烦。在这一点上，友情与爱情十分相似，纯洁、美丽、近乎神圣，那是一种建立在心心相印基础上的情感关系，你不希望因为自己的个人原因而使自己的soul mate（灵魂伴侣）承担太多现实的功利之用，因为你爱你的朋友，爱他所以不愿轻易增添他的烦恼，也不希望你们质朴的友情因为掺入了任何非友情的因素而变得复杂纠结。常说"君子之交淡如水"，我们更愿意让朋友就这样无用着、闲置着，也不舍得将这清水搅浑。

有时，因为这清水太明澈见底，竟会给不知情的旁人造成一种幻象，以为"无水"，以为这两人不是朋友，就像一块明净透亮的大玻璃常常使人意识不到它的存在而眼睁睁地一头撞上去。我们并不常谈及我们的朋友，也不在外人面前炫耀我们深情厚谊的友爱，我们甚至并不与朋友本人频繁地见面、时时沟通，以至于有很多人或许都不知道我们与朋友之间有着日久年深的交情，但即使再长时间不见，一旦相逢交流，仍一如既往的默契，仿佛从未分开过。朋友即是soul mate，也就是在灵魂中相连，是精神的一体共生。在友情中，我们担当的不是彼此的琐事，而是对方的灵魂。

朋友不是实用之物，而是奢侈品。他不符合实用性的标准，却使生命华丽。"人生得一知己足矣"，拥有朋友本身已然是一种幸福。所以，如果你所谓的"朋友"是可供你想用时用他一下的工具的话，你就没有脱离实用及功利层面。美好的友情与功利无关，功利之心可能会带来生意场上的"伙伴（英文中的partner）"——那基于我们心知肚明的契约关系，却不可能为我们带来"朋友（英文中的friend）"——那基于我们休戚与共的生命关系。

两个人的"独处"

"朋友"的前提是真诚——真实坦诚。在他面前，我可以成为我自己，我可以只是安静地思考或木木地发呆，却不担心冷场的尴尬，我的神经可以放松到无所思、无所想、无所虑，我可以像一只静态的玻璃杯那样透明地存在着，就像不在一样。衡量"朋友"的标准，只在于"问心"：是否安宁？是否和平？是否满足？是否幸福？

"朋友"带来的不是热闹的人气，用来驱散寂寞，相反，友情如健康而宁谧的空气，让彼此在其中感受到的是共同"独处"的乐趣，甚至超出了自己一个人独处的欢乐。换言之，朋友成全了我更好地领受孤独。比如，几个朋友，在一个屋子里，一人占一个角落、一盏台灯、一本书、一个喝水的杯子，不说话，各自陶醉在书里的人情世界中，偶尔抬头，偶然对视，却不必投之以笑容，也无需准备什么表情。

一个人的独处常常妙不可言，但有时会伴有一丝不安、一点错觉，会出现时空的恍惚感，或是对真实存在的怀疑，就像一个人在山间树林游荡的时间长了，会有种不辨归途的迷糊。而与"知己"一起的"独处"扫除了这样的疑惧，让人更轻松温暖、更安心逍遥，与之相处就如同与自己相处一样自在自然，没有造作，毫不刻意，不必说话，无需交谈。相互的理解和信赖构成了一种宽松而闲适的氛围，在其中，我们安然地共享着生活的韵律，时间化为彼此合拍的心灵节奏——安静却不清冷，共存而无干扰。知己之间的相处，也如爱人之间的交往，最佳状态是"二人世界"，这样更便于深入探讨一些揭示自己内心真实想法的隐秘话题。对于这样的亲密交谈而言，三个人就显得过于拥挤了。两个人之间话题的谋和往往格外自然，而要找到三个人共同的兴趣点，就要颇费心思了，即使找到了，谈着谈着，相对而言总会有一个人疏离到话题之外，于是其他两个人就要重新巧妙地设计对话的内容，再一次将那第三方邀入其中。对于真正酣畅淋漓的交流，这样的"顾全大局"恰是应当避免的分心。"二人世界"往往使得谈话坦率而专注，话题的选择随意却默契，交谈的过程中常能出现意想不到的精彩，不经意间一星半点的小思绪也能在思想的碰撞中大放异彩。

友情无需"立约"

友情之美是灵魂之美，能够经历时间的磨砺和现实的考验。不要轻易断言谁是谁的"朋友"或"知己"，那很难说，因为还没来得及看清彼此的价值观，还未了解在关键时刻、在灵魂的挣扎之下，自己或对方会如何取舍，也不知道我们在"有所不为"的道德底线上是否吻合。毕竟，患难与共的信任感并非一朝一夕可建立，也不是某一道公式足以归纳的定理，其中并无规律可循。决定你我能否成为朋友的，既不是你，也不是我，而是时间。时间是无可忽视的力量，它有着难以与之匹敌的犀利，它要么使两个人越走越远，要么将两个人越拉越近；它能使我们不知不觉中淡忘一个人的存在，即使他还活着；也能使我们对一个人刻骨铭心，哪怕他已死去。时间如明镜，鉴证朋友的心，朋友正是在时间的沉淀中浮出水面。

我们很难给"朋友"下一个明确的定义，它不落俗套，所以无以归类。"朋友"本就是最不庸俗的东西，所以它的特征都超然于世俗之外。

友情的双方都需是头脑清醒、人格独立的人，唯其如此，他们才能鉴别友爱与依赖、独立与孤僻，才不会变成友情中自我中心的"主宰者"或者思想缺位的"跟从者"，也不会混淆友情与暧昧。"朋友"不是备用的男朋友或女朋友——这既是对友情的亵渎，也是对爱情的侮辱。真正美好的朋友因为关系的纯粹而高贵，因为心灵的无邪而明净。而暧昧是对清澈的背离，因其丧失了纯洁性而不再配得上"友情"这一字眼，忽明忽暗、若隐若现、若即若离，这是一种混乱、一种浑浊、一种故意、一种心机，隐藏着某种意欲越界的动机。

友情的双方不以友谊相互约束，友情既不是牢笼，也不设立任何禁区，全凭心甘情愿的自觉自律。朋友的交好为的是更大地享受精神的自由而非限制更多的不自由，互相帮助对方挖掘天然之自我，竭力呵护彼此的真性情而不强求对方改变、回报或者做出回应，这才是为友之道。友情需要两人发自内心的善意与关心、尊重与爱护，它并不意味着我们可以将它作为自己无礼放肆的借口，它也没有授予我们特权，让我们随便地给朋友添麻烦或理所当然地侵占朋友的时间和精力。友情无需立约，因为理性一路同行。

友情与实用性无关，它不需要高尚而真挚的情感之外其他元素的滋养或维系。朋友之间能始终信任就因为彼此纯真，友情毁于虚伪。

Part ④

道德，源于人性，归于安心

　　道德不道德，其得失全在于一个人独处之时
的"扪心自问"。问一问我们的这颗心：我这么
做，"安"乎？"心安则为之。"

真正的道德发乎天性，落于心安，类似于"本能"，
不是一个人再三权衡后去"行善"，
而是心有不忍，于是身体力行。

利他，是最高境界的利己

　　每当我们谈论道德时，总会有这样的一种印象——似乎它要将我们引向一条正派却不怎么轻松欢乐的人生道路。虽然每一个人的内心都深知道德的必要性以及重要性，但这仅仅使得大多数人对道德投以尊敬、对践行道德的人抱以景仰，却很少有人真正以"道德"来观照自我生活的方方面面，以真正的有德之人作为自己效仿的榜样，让自己生活于道德之中，让道德居于自我心中。

　　作为现代人，我们对道德的纠结在于：一方面，我们崇尚个人自由，不希望自我的言行举止受到"道德律令"的过多干预；另一方面，我们每一个人却又心知肚明：道德是一件"美好"的事物，是我们的社会生活、公共交往得以顺利进行的不可或缺的条件。

　　如果一个社会没有道德准则的规范，如果生活在其中的成员在彼此交往时没有发自内心的诚信，那么人与人在公共生活中只能变得越来越虚情假意、阴险狡诈，抑或是越来越麻木不仁、无动于衷。这样的话，纵使生活中充满迎来送往、杯筹交错的热络与繁华，本质上也不过是一口毫无真情实感的枯井，贫瘠、荒凉，唯一的乐趣是井口偶尔冒出些让人忘却无聊、逃避空虚的光怪陆离、海市蜃楼。

道德不以"利他利己"来衡量

这要从对道德的误解说起。大多数人以为道德旨在"利他"、排斥"利己"，往往不敢与道德靠得太近，就怕它剥夺了个人自由。

其实，一个人的言行在效果上是否"利他"，并不能说明他是否真的有纯粹的道德精神。就拿"慈善"行为打比方，"慈善"的最终效果当然是为弱者带去帮助，为穷人提供机会，为受苦的人创造欢乐，这是典型的"利他"行为。但是，道德对真正的"慈善"有着远比"利他"的言行及效果更高的标准：一颗真正的爱心。

如果"慈善者"的动机不是出于对他人苦难的同情与关怀，不是源于对自己幸运的感恩与分享，不是基于灵魂深处的

"恻隐之心"，而是迫于公众的审视，或是权当以重金购买"善名"来荣耀自己，或是借此机会向天下人彰显自己的"美德"与"内涵"，那么，即使最后的客观结果确是"利他"，不得不说，这样的"利他"与"道德精神"无关，与"爱心"无关，与"善意"无关。那是对"慈善"的利用，而潜伏在"善行"背后的是算计、权衡、谋利。那是"利他"，也是"伪善"。

同样，一个人主观上"利己"也不能等同于自私。"利己"不论是对动物还是对人类而言，都是与生俱来的天性，是最本真的需要，无可厚非。大自然赋予人类的东西，比如本能、欲望、天性、思想，本无所谓善恶，善恶起始于人们如何看待它、如何使用它、用于何种目的。在我看来，人与生俱来的正常需要都值得尊重、值得慎重对待，而不该简单粗暴地一味加以指责或否定。"利己"指的正是这样一种浑然天成的"本能""欲望""天性"获得满足，就像困倦了需要睡觉、饥渴了需要饮食，自然而然，无可指摘。

"损人利己"才是自私。也就是说，"利己"只要"不损人"，就不是不道德。如果善加实施，很多"利己"非但不违背道德，而且是一件值得倡导的美事，比如一个专心于科学事业的人因他的创造发现而深得同仁的尊敬与大众的赞誉，这是

"利己"；一个人努力工作，事业有成，梦想成真，这是"利己"；一个小朋友不怕辛苦、刻苦学习，如偿所愿进入理想的大学，这也是"利己"……勤奋、坚韧、勇敢、聪慧、健康都是"利己"的东西，却无关自私。

另一种特殊情况是，"损人又不利己"。比如有些年轻人闲来无事、无以娱乐，为了找点乐子或寻点刺激，就砸坏街边的路灯，或者破坏公共电话，或者刮花他人的汽车，或滋事斗殴；另外还有一类人，自己过得不好，也不知道该如何改善，却怎么也见不得别人过得好，于是想方设法破坏，或是冷嘲热讽、或是恶言相向、或是搬弄是非，极端时甚至加以陷害……这样的"自私"虽不真正"利己"，但仍属自私。

心安则为之

真正的"道德"并不意味着完全的"利他"。

不可否认，道德在很多时候确实体现为一个人"牺牲小我、成全大我"，有时候甚至会舍弃"小我"的生命。这样的"道德"确实"毫不利己、专门利人"，已然化为彻底的"利他"。但容许我们在面对这样悲壮的事件时追问一句："一个人的生命何其珍贵，每个人只有一次机会。为什么会有人甘愿放弃自己如此宝贵的、唯一的生命而去'利他'？"换言之，生活中人们常说"舍得"，常说凡事"有舍才能有得"，那么在生死攸关的时刻，一个人宁可舍弃自己宝贵的生命而去捍卫"利他"，他能从中得到什么？很多人敬仰道德，但并不以它为生活的信念，正是因为我们耳闻目睹太多这样的事实：一个人若坚定地追随道德，注定要舍弃很多。而我们不明白的是，从道德中，我们究竟能得到什么？

有一个故事，说的是孔子一个著名的弟子宰予，字子我，亦称宰我，名列"言语科"的第一名，被誉为"孔门十哲"之一。他思想活跃，好学深思，善于提问，是孔门弟子中唯一一个敢于正面对孔子学说提出异议的人。他向孔子指出"三年之丧"的制度不可取，理由是"三年之丧，期已久矣。君子三年不为礼，礼必坏；三年不为乐，乐必崩"，主张"一年之丧"。孔子不反驳，只问他："汝安乎？"宰予回答："安。"孔子回答："汝安，则为之。"

其实，道德不道德，其得失全在于一个人独处之时的"扪心自问"——问一问我们的这颗心：我这么做，"安"乎？——"心安则为之"。

　　这样看来，"道德"不只是"利他"，也是"利己"。我们之所以这么做，不图美名，不求人知，只因唯其如此，我才无愧，我才心安；如果不这么做，我什么也不会损失，除了"心安"。所以，人们之所以追求"美德"、践行"道德"，不单纯是为了"利他"，更是通过这样的"利他"实现最高境界的"利己"——问心无愧、心安理得。

　　或许对于真正的有德之人，这才是他精神向往的至高"荣耀"。就像孔子73岁时预知自己将不久于人世，反观一生，自认"大节无亏"，可以安然去也。当人对世界有了"告别意识"，反躬自省之下能问心无愧，实在难得，因为这意味着，对他而言，这一生已没有一个必须要说的"谢谢"，也没有一个必须要说的"对不起"，外无愧于人，内无愧于心。那是何等骄傲、何等气派！

道德是人性的"孩子"

　　我们在日常生活中似乎总把道德看得不食人间烟火，好像全然忘我而一味利他的才称得上"道德"，就像歌中唱的那样"把我的悲伤留给自己，你的幸福让你带走"。其实，这不一定是高尚，有时可能是矫情。

人性天然是复杂而多层次的，既包含了一些恶意，比如荀子在性恶论中提到的"好利"（贪婪自私）、"好色""疾恶"（嫉妒仇恨），也包含了一些善念，就像孟子论证"人之初，性本善"时提到：一个人只要还能被称之为"人"，还有"人性"，那么他的内心就必然存有这样一些"道德"的种子——"恻隐之心"（仁慈）、"羞恶之心"（正义）、"辞让之心"（谦逊）、"是非之心"（理智）——这就是我们常说的与生俱来的"良心"。即使一个人后天做了坏事，背弃了道德，不代表他没有那些"种子"，"种子"还在他先天的人性之中，只是后天的种种因素遮蔽了它们的存在，阻碍了它们的成长。正如很多时候我们会发现，再十恶不赦的坏蛋在人生的某一刻也会有"良心"的萌动和流露。

因此，不要把道德误以为是人性的束缚，它不压抑人性，恰恰相反，它内在于人性，归属于人性，是人性最古老、最原始的"善端"（善的种子）。我们常常感觉"幼小的心灵"特别富有同情心，具有一副天然的"好心肠"，这样的"良心"正是人性之初未受污染、未经磨损的本色。

所以，道德本就是人性的一部分，又怎么会压迫人性？可以说，道德源自人性，是人性的"孩子"，道德爱护人性，所以对人性善加引导，以免其骄狂失度而自食恶果。

　　真正的道德发乎天性，落于心安，类似于"本能"，不是一个人再三权衡后去"行善"，而是心有不忍，于是身体力行。因此，对人进行道德教化不能通过诱之以利或者以权威相迫的方式，这只会教出更多阳奉阴违、表里不一的伪善之徒；同样，对自我的道德修养也不能靠自我压抑来达成，那只会演变成一场自己对自己的暴力镇压，结果只能是在意识层面上制造更深的自我分裂。

　　逼迫他人从善可谓一种道德绑架，这不道德；那么逼迫自己从善也就是对自己的道德绑架，同样不道德。因为这"善"只是被迫无奈的服从，而不是心甘情愿的承担。换言之，这样的"道德"基于对他人或对自我的"不道德"，这样的"善"源自对他人的逼迫和对自我的专制。而道德又怎么能建立在这些"不道德"的基础之上？不自相矛盾吗？

　　真正的道德从来是在"利他"中实现精神的"利己"、在"立人"中完成真正的"自立"，是"利己"与"利他"的和谐统一。如果我们能对"他人"的困境"设身处地""将心比心"，那么我们的"利他"行为，就会变得格外自然；如果我们能对他人转危为安、生命得救、重回校园、衣食有保……有着切身的"感同身受"，那么他们的幸福又会带给我们多大的幸福！我们选择了"利他"，却又是多么的"自利"！

就像法国存在主义哲学家萨特的名言："他人是我，他人是另一个我，他人是那个不是我的我，他人是我所不是的那个人。"也就是说，大多数时候，他人与"我"之间并不是全然隔绝的，"他"或许就是往日的那个"我"，而"我"也曾是、正在是、或将是某一个"他"。

"感同身受"，或者说"恻隐之心"连接起了"他"与"我"，也就连接起了"利他"与"利己"，这便是"道德"温柔的起源。

自律的种子，开出自由的花

心是内在的"世外桃源"

真纯的"道德"固然会实现"利他"，同时也成全了一种至高境界的"利己"——心安理得、问心无愧。"合情"才能"心安"，"合理"才是"理得"，"合乎情理"便是真正的"道德"，它自然而然能使人"问心无愧"。

"心"是何等重要，它是我们内部世界的"世外桃源"，它只属于我，只有我才找得到通向桃源深处的曲径幽道，它也只为我一个人提供逆境之中可以喘息休憩的安宁之处。除了我们自己的"心"，可能我们再也找不见其他一个能伴随我们一生，与我们一同出生入死、始终不离左右之物。现实生活中的一切——财富得失不定、权势涨落无序、祸福起伏难测、身体发肤旦夕间逐渐老去，我们虽对此心有不甘、心存不安却无计可施、只得认命。"无可奈何而后有思"，无能为力之下，我们却从未停止寻找人生可以恒久之物的渴望，于是我们将深情的凝视转向亲情、友情、爱情。深情厚谊的纽带使我们无常的生活得到了巨大的慰藉，我们不再显得那么孤孤单单、飘飘荡荡、形影相吊、无家可归。但是，纵然有亲情包围、高朋满座、妻儿相伴，偶尔当我们在昏黄的台灯光晕中暗夜独坐，仍时不时感到世界离我们很远。这时，"心"成了我们最后的栖息地——一个足以与世俗生活相抗衡的"彼岸世界"。

前面说到，道德让人"问心无愧"，这便是在滋养这片内在的彼岸世界，因为"无愧"才能"坦荡"，而"坦荡"即是精神的"真自由"。

因此，与我们很多人对道德的理解正相反，真正的道德不是对个人自由的"剥削"，恰是对精神自由的"成全"。若远离道德，心灵便无自由可言。

道德是精神的自律

或许会有人提出，马克思对"道德"的定义是"人类精神的自律"。在这位伟大的德国哲学家看来，"道德"是"自律"。"自律"？！在我们平时的生活经验中，"自律"给我们的最直接最显而易见的感觉就是"不自由"！"自律"何以

能成全"自由"？若"道德"意味着"自律"，何以可能导向
"自由"？

这样的疑问不无道理，即使在与之相对的我们东方文化
中也有相似的结论。比如儒家常说"君子有所为有所不为"。
毋庸置疑，"君子"是"有德之人"，或者说，在儒家的概念
中，"君子"之为"君子"，其首要条件便是"道德"。那么
一个人若渴望成为"君子"，他必须坚守"道德"，他要做的
是"有所为有所不为"，而"有所不为"就是"有不可以做的
事情"。"不能""不可以"不就意味着"不被允许"吗？这
也不能做，那也不能做，还能是"自由"？

儒家的"有所为有所不为"不是他人的要求，不是社会的
律令，而是君子的自律。于是问题又回到了前面——"若'道
德'意味着'自律'，那么'自由'从何而来？"

其实，要说清这个问题，只需回答另一个疑问：一个"有
德之人"为什么要"自律"？

所谓"君子"说到底就是"有情有义之人"，只做有情有
义的事。那么君子为什么要"有所不为"？因为那些事无情无
义，做了那些事，自己也就成了无情无义之人了。那些事君子

断不会做，因为做了，心里有愧，心不安。为"可为之事"，誓死不为"不可为之事"——行合乎情理之事，做有情有义之人——这就是一个君子、一个有德之人的"精神自律"，如此他才能长久"心安"。所以"道德"需要"自律"，这样的"自律"使人心灵舒展，使人精神自由，使人更看得上自己这个人。

这样的"自由"可能与日常生活中我们认为的"自由"有着极大的不同。生活中我们常常把"自由"想象为一种近乎绝对的"无拘无束"，或是"应有尽有的丰富"，或是"为所欲为的放纵"，或是"肆无忌惮的言行"。我们总觉得那才是真正的"自由"。其实不然，所谓"为所欲为"，就是"为'欲'之所为"，也就是做我们的欲望要我们做的事。换言之，"为所欲为"意味着我们已然被欲望所左右、由贪婪驱使，不是我们在主宰或支配自己的欲望，相反，倒是欲望在主宰和支配我们，牵着我们的鼻子走。我们以为只有当一个人成为其他人的奴隶时，他才失去了"自由"；事实上，当我们沦为自己欲望的奴隶时，我们同样也失去了"自由"——二者看似天壤之别，却是共性鲜明：我们都不是自己的主人，不论是对他人还是对自己的欲望，只能俯首听命。为所欲为，不等于自由，而是做了欲望的奴隶，仅此而已。

自律比放纵更接近自由

其实很多时候，"自律比放纵更自由"¹³。为了说明这个听起来不可思议的结论，我在脑海里构想了这样一个极端的场景：如果生活窘迫的我们面对两个选择，要么继续饱受饥寒；要么接受他人为我们提供的另一种锦衣玉食的生活，条件是为他陷害一个无辜的人，使之锒铛入狱、家破人亡。我们会怎么选择？毫无疑问，这两种选择中，无论哪一个都不是我们愿意接受的，但即使如此，我仍然相信在慎重的权衡之下，很多人会选择前者，即使那会使我们错失荣华富贵的机会。

那么我们为什么会这么选择？当我们选择了前者，其实我们是选择了对自己的欲望加以节制，也即"自律"。我们之所以如此抉择，是因为比起"饥寒交迫"的皮肉之苦，我们更无法忍受自己良心的卑污；比起"贫穷"给我们带来的"不自由"，我们觉得"良心不安""心存愧疚""食不下咽""睡难安枕"是更大的不自由。换言之，在这个情境中如此这般做选择的人业已用行动证实，对他们而言"自律比放纵更自由"，内心更安宁而更趋自在。

我们都明白，一个人不可能达到"绝对自由"，就像一个人不可能彻底"无拘无束"。有一些"自由"，作为人类，永不可得，比如"长生不老"。作为一个凡人，我们注定会衰老、会生病、会死，我们必须服从这些令我们"不自由"的自然规律。同时，我们还注定了要受到来自生活的种种"限制"，比如求而不得、得而复失、失不再来，有时我们把这样的无可奈何又不可抗拒的"限制"称为"命运"。还有些"约束"，是我们作为社会的一员不得不承受的，比如"法律"。不论我们愿意不愿意，不论我们自我感觉自由不自由，其实我们每天都身处于约束之中，我们从未享受过也终不会享受到所谓的"完全的自由"。

所以，从人的一生来看，"无往不在枷锁之中"[14]。所谓的"自由"，不是跳脱于所有枷锁之外的轻盈无碍，而只是"戴着枷锁尽情舞蹈"，从最终的效果来看，人终究不是神，不可能真正"心想事成"，所谓的"自由""并不意味着能做自己想做的"，而是意味着"能拒绝自己不想做的"[15]。

如果生命注定伴随着枷锁，那么一个人的自由就体现在他面对不同的"枷锁"时做了何种选择：如果他选择心灵的"轻歌妙舞"，那么他也就选择了给冲动的"欲望"套上枷锁；如果他选择的是在纵欲的享乐中尽情舞蹈，那么他不得不给自己的理性戴上了镣铐。前者在理性的"自律"中实现了内心的自由——安宁，后者在激情的"放纵"中满足了欲望的自由——快感。

遵从良心，方得自由

一个真纯的"有德之人"，并不一定像我们现在的电视电影中表现的那样"视钱财如粪土"，也不见得总是以鄙夷之色轻视"位高权重"的权威力量。我们都是肉体凡胎的普通人，都经历着日常生活的喜怒哀乐，我们都渴望着"名利"的光顾，因为我们明白它能给人"快乐"和"自由"。而真纯的"有德之人"之所以舍"名利"而取"良心"，面对"名利"的诱惑保持"自律"不动心，绝不是因为他无知于财富权势的价值，或者不晓得"名利"所蕴含的巨大能量，而是因为他品尝过"做一个好人"的幸福滋味，为了能继续自由地品尝这种无比清新而欢乐的味道，他甘愿放弃"弱水三千"的浓郁，只取这淡泊的一瓢。

无可厚非，每个人都在追求欢乐而自由的生活，只是标准、尺度各不相同。对于一个"有德之人"、一个有情有义的"君子"，他的欢乐和自由基于他自己的良心完整无缺陷，基于他自问清清白白的人格未受磨损。正因为如此，他才根据

"良知"为自己划定了"有所为有所不为"的边界，认真恪守、始终坚持。很多时候，他明知道边界之外是一片流光溢彩的迷人世界，充满新奇与华丽，但他愿意止步于此、永不涉足，因为边界之内"海阔凭鱼跃，天高任鸟飞"的精神自由使他更加流连忘返、不忍离去。他的标准与尺度对于世人而言很多时候显得太过孤绝而不具有普遍性，所以世人常常不理解他的执着，偶尔还会哀叹他错过了太多、失去得太不值，而他却自有其道理、自有其无可名状之欢乐、自有其"心底无私天地宽"的内在酣畅。

在此，我们或许理清了这样一对关系——道德与自由：道德不是人性的捆绑，"良知"也不剥削人的自由，相反，人是被自己无度的欲望所束缚，是在欲壑难填的焦躁不安中丧失了"自由"。当一个人遵从自己的"良心"明确了"有所为有所不为的精神自律"，自动放弃了一些世人趋之若鹜的浓艳芬华，他没有舍弃"自由"，恰是他选择和维护了他心向往之的那种"自由"。他的"自律"不是为"道德"做出的牺牲，而是通达他内心的"清明安和"的必经之路；他的"欢乐"不在于是否成为他人眼中的"道德楷模""善人"，而在于"自我完善"的过程，在于每一个他去过的地方是否比他去之前更美。

道德与功利，不是敌人，可以是朋友

胜负师和求道派

多年前一个学生对我的启示：他从小是一个围棋爱好者，他说，围棋运动中存在两类人——"胜负师"和"求道派"。所谓"胜负师"即是以胜利为终极目的，一切为胜利服务。就像第二次世界大战期间英国首相丘吉尔所说："一个词，'胜利'。以全部力量和全部勇气，不论多么艰难困苦，不论多少流血牺牲，都要追求胜利。"而所谓"求道派"则是以追求围棋的艺术境界为主要目的，他们认为围棋是一种智力的体操，其美妙之处在于自我境界的不断"成熟""圆满"乃至"炉火纯青"：最高的子效（**棋子效率**）、最优美的棋形（**棋子形状**）、最猛烈的攻击、最华丽的腾挪、最出其不意的手筋（**棋局中巧妙高效的着法**）和最了无遗憾的棋局。在每一场"棋赛"、每一个"棋局"中，"胜负师"与"求道派"都会竭尽所能、全力以赴，而他们的不同之处在于："胜负师"以战胜他人为乐，"求道派"以战胜自己为乐；"胜负师"因败北而痛苦，"求道派"因没有自我突破、自我提升而痛苦；"胜负师"生活于"二人世界"，他在对他者的征服中寻找自我的存在感和成就感，"求道派"自成世界，在自我的内在超越中实现自我的存在感和成就感。

如果我们借用这两个概念，那么我们会发现在人与人的竞争关系中也存在"胜负师"与"求道派"两类人。"胜负师"往往为了"赢"不惜以"诽谤诋毁""倾轧挤对"这样的"小人手段"践踏对方；而"求道派"则是默默地努力工作、工作、工作，在工作中积累宝贵的经验和惨痛的教训，缓步却稳健地不断向上攀升。"胜负师"意在求胜，为了要成为"赢家"，他总有一只眼睛盯着与他实力相当的劲敌，对对手的进展保持着"先知"般的敏锐觉察和弹簧似的对应举措；"求道派"则专心于自我潜能的深入挖掘、自我水准的尽善尽美，对他们而言，"失败""挫折""输"固然并不令人鼓舞，却也可以被认为蕴含了一些高成本的"道理"，是通达更高境界的成功和更卓越的人格的迂回之路。

相似的情况也常常出现在：同是"赢家"，却可以呈现为两种截然相反的"胜利"姿态。第一类胜利者接近于前面所谈及的"胜负师"，为了能长久立于不败之地，他们往往选择对失败者"四面围歼""斩尽杀绝"。就像公元前149年至公元前146年，古罗马因滋事挑衅与迦太基之间发生的"第三次布匿战争"，迦太基全民奋力抵抗，却扛不住三年的围困封锁，终于弹尽粮绝，被罗马攻占，得胜的罗马元老院决定把迦太基城夷为平地。罗马血洗迦太基，挨房搜索，将所有居民找出并杀死。迦太基港口被毁灭，国家成为历史。

第二类胜利者倾向于"求道派"，他们往往会选择对失败者"网开一面""留有余地"。典型的代表人物就是伊斯兰世界的英雄、埃及阿尤布王朝的第一位苏丹萨拉丁，他在率领阿拉伯人成功抗击十字军东征的过程中表现出了令世人惊叹的"骑士精神"。当他的对手英格兰国王"狮心王"理查的马在战场上摔倒在地，萨拉丁让弟弟给他送去了两匹好马，甚至在他病倒时为其送去水果、派去医生；当萨拉丁的伊斯兰军队最终攻入耶路撒冷王国，与88年前十字军攻克耶路撒冷时大开杀戒形成鲜明对比的是，萨拉丁进入耶路撒冷没有杀一个人，没有烧一栋房子，他甚至宣布释放所有战俘，让异教徒们回家，不要一分赎金。

光荣属于"求道派"

生活充满竞争，却有不同的"赢法"。有时候，输了竞争却赢了自己。而在双方难分伯仲的实力较量中，若能赢得竞争固然是一件激动人心的事情，然而更重要的，或许是赢得尊重和友谊，赢得对手的心，赢得世人的感动，赢在"灵魂的卓越"。就像萨拉丁不仅赢得了战争的胜利，也赢得了包括对手在内的全世界人的景仰，他不仅被视为伊斯兰教、阿拉伯世界的伟人，也被西方人尊为"骑士精神"的楷模。为了纪念这位浪漫的英雄，普鲁士国王为大马士革萨拉丁墓赠送了一座大理石棺。由此可见，"胜利"可能属于胜负师，"光荣"却一定属于求道派，而长久的胜利和深入人心的光荣，最终必然同归于求道派。在围棋上情况往往如此，被誉为"昭和棋圣""天下第一"的吴清源（日籍华人）就曾说："一流棋士之间棋力之差是微不足道的。胜负的关键取决于精神上的修养如何。"大事相通，小事相似。另一位传奇的英雄人物拿破仑必然也是认同这一观点的，否则他不会说"世界上只有两种力量：利剑和思想。从长远来看，利剑总是败在思想手下"。可见，人与人的高下最终还是取决于精神境界、人格修养、思想力量，而这种长久的胜利，只属于那些在自我完善、自我升华的道路上走得更远、登得更高的"求道者"，他们未曾怀抱野心，却只是努力地超越自我……偶然间，一低头，竟发现群星在脚下闪耀[16]。

以上的道理也适用于"功利"与"道德"、"利"与"义"的竞争。"道德"若想扭转当前与"功利"对峙下的败局，若想获得长久的胜利、重建内在的光荣，它只能走"求道派"的公平竞争之路。也就是说，"道德"不应为了自身的"胜利"而诋毁"金钱"、攻击"物质"、贬低"功利"来标榜自己的清高、烘托自身的高尚。这样的话，"道德"也就成了那个不择手段的"胜负师"，也就走上了"恶意竞争"的可耻道路。"道德"若不求"公正"、只求"胜负"，也就背弃了自身与生俱来的"求道"的使命、违逆了"善"的本质——然而，"不公正""不善"的"道德"还是"道德"吗？

诋毁功利的不是真道德

事实上，没有什么比勤恳劳动换来物质享受或精神享受更纯洁的了，同样，也没有什么比故作清高更庸俗的了。如果现实生活中存在着这样一种"道德教化"：它将物质享受妖魔化、以努力挣钱为庸俗、以谋生糊口为小事来凸显"功利"的俗气、反衬"道德"的清雅——这不但不应提倡，反而还值得警惕，因为那样的教化有违事实，误人子弟。

如果我们仔细探究一下那些对"功利"嗤之以鼻、不屑一顾的道德教化者，我们往往会发现，他们要么自己过着衣食无忧的物质生活，有着稳定的谋生手段，一边斥责"功利"的俗不可耐，一边却理所当然地享受"功利"的种种益处；要么陷于全然相反的生活处境，渴望一掷千金、挥金如土，无奈既没有可挥霍的物质，又缺乏行之有效的生财之计，理想与现实的落差导致内心积怨颇深，以至于面对可望而不可即的诱人"功利"表现出类似于吃不到葡萄说葡萄酸的自欺欺人；要么当众人都在追名逐利的时候，他们却公然表现出对"功利"不屑一顾、"众人皆醉我独醒"的清醒与冷峻，其实他们未见得不屑于"功利"，很多时候或许只是一场哗众取宠的把戏，一种欲扬先抑以谋求"淡泊名利"之美名的手段，最终为的是"功利"慕名而来，主动投怀送抱。这三类人，同是虚伪，只是类型不同而已。与真纯的道德关系都不大。

如果"道德"的兴盛必须依赖于对"功利"的全盘否定，如果人心的"向善"必须基于对"财富""功名"的轻蔑，那么这肯定不是健康的道德教育，这样教育出来的所谓"道德"又虚伪又狭隘又自卑，它已然远离了"真善美"，何以能够传达出道德的真纯？就我所知，真正的"道德"必然基于

"爱"、基于"关怀"，而不是基于"轻视"或"仇恨"；真正的"道德"必须是"真诚的""公正的"，它不自欺，也不欺人。

就像日常生活中，两个情敌之间，往往只有当一方不自信自己的强大时，才会想方设法去中伤对手。只有自问境界不高、对自己的魅力存疑时，才会如此不镇定不从容，急于贬低对手来抬高自己。真正的"道德"在任何情况下都是一位"正人君子"，它不会给所谓的对手抹黑，这不是出于束手束脚的拘谨，不是源自故作姿态的矫情，而是因为它足够自信——它知道自己脱胎于"真善美"，它知道自己继承了真善美的血统，于是也分有了真善美的力量与光芒，它知道唯有它能使"生命和谐，充实有力"，能带来"生命的精彩，生命的发光"，正是它赋予"生命动人的地方，让人看着很痛快、很舒服的地方"[17]，使人生升华为生命的艺术和智慧，这样的人生不仅值得一过，而且肯定能活得漂亮。道德本身已然如此华丽，何需再用抹黑对手来自我抬高、自我美化？

功利"杀不死"道德

实际上，"功利"与"道德"的关系，就像《圣经》中的那句名言："恺撒的归恺撒，上帝的归上帝。"一方面它们彼此无法取代，所以并不构成真正的对立；另一方面，"上帝"的凝视将会有助于"恺撒"更趋公正与仁爱；同样，"道德"的观照将会对"功利"善加引导，使之远离"歧途"、持守正道、长久繁荣，使"功利"在昌盛之时不忘心存"敬畏"、在衰败之时自问于心无愧。

"道德"无法取代"功利"，无法像"功利"那样提供我们衣食住行、财富地位。但"功利"也取代不了"道德"，唯有道德，在灵魂的深处为我们长久地哼鸣那低沉古老的安魂曲，在人生的低谷为我们脆弱的心灵笼上一层温暖而柔和的微光，唯有它能使我们的精神世界清静宽广，在任何生活处境中都能找回自己的心净、心平、心安。

真正的"道德"相对于"功利"而言，"优势"并不在于它将自己作为"功利"的对手，一心要击败对方。恰恰相反，"道德"的迷人之处在于它尊重"功利"背后强大的物质力量，但与此同时，它自知并自信于自身能激发出强大的精神力量。功利"杀不死"道德，因为道德直接作用于人心，始终有着超越"功利"之上的"高度""深度""宽广度"和"恒久性"。确实，"功利"在一定范围内无所不能，它标志着"物质生活的高品质"，但是在功利遥不可及的精神领域，却正是道德的用武之地；功利再富足仍无力购买的"奢侈"——"人心的幸福感"往往只能由"道德"所带来的心安与满足来加以充实。唯有"道德"能创造"功利"无可企及的"灵魂的卓越"[18]。

世上只有两件有价值的事：深感惊喜和使人惊喜

我们热爱善、追求道德，但这并不依赖于我们自欺欺人地贬损物质的价值或者斥责自己、他人、世人追求物质丰富的想法。我们无法否认，物质是重要的，物质力量是巨大的，人们的追名逐利也是情有可原的。但是时不时我们应当提醒自己和他人这样一个不容忽略的真相："功利"价值或物质力量自有其局限性。它们是有用的，但它们不是万能的；它们是美好的，但它们不是唯一美好的，也不是最美好的。就像我和一个朋友聊天时谈到"挣钱"，他说："我们应当努力挣钱，因为它重要；而我们挣钱，最终只是为了——有一天它对我们而言不再那么重要。"伟大的物理学家爱因斯坦也有相似的认识：

"我热爱物理学，因为我深知物质的力量。但是对物理学研究越深入，我越发现物质的尽头，屹立的是精神。"而"精神"的力量又怎能离得开"道德"的引领？

当我们面对思想与知觉、理智与情感、公正严明与慈悲为怀……这些看似相互矛盾却都格外美好的东西时，我们常常努力去寻找两者之间那一条"恰到好处"的"中道"。那么同样，在"功利"与"道德"之间、在"物质"与"良心"、"他人"与"我"之间，我们也需要一种适度而动态的平衡。

"世上只有两件事最有价值：深感惊喜和使人惊喜"——诗人波德莱尔如是说。这话曾点燃我，激发我借着他的话扩展开去——世上只有两件事最有价值：live and let live（自己活和让人活）；世上只有两件事最有价值：好好活，和让别人好好活；世上只有两件事最有价值：活得幸福，和帮助他人活得幸福。于是，我们似乎发现了存在于"他人"与"我"、"道德"与"利益"之间的一个潜在平衡点——为自己着想，但不要只为自己着想，也为别人想想。

借此，我们来澄清道德的一个误区：道德从不禁止我们为自己着想，也不要求我们100%为他人着想，它只是希望我们在为自己着想的同时，能留10%或者20%的余地也替别人想想。事实上，这是一个多么浅显易懂又理所应当的事情？一位基督教牧师曾写下这样一段自白：他们要抓犹太人，我不是犹太人，所以我没有说话；他们要抓共产党，我不是共产党，所以我没有说话……他们要抓我，也没有人为我说话。[19]"我们应当为自己着想，如果我们不为自己着想，又能指望谁为我们着想？可如果我们只为自己着想，我们还是人吗？"[20]所以，道德并不是要让我们成为毫无私心杂念、不食人间烟火的"圣人"，它只是期待我们成为一个能留那么一点余地对他人将心比心的、可爱的"平常人"。

常常看到那些考进一流"名牌大学"的年轻人脸上不由自主洋溢着"自豪"与"幸福"，他们往往觉得自己格外幸运。或许他们当中很多人所认为的"幸运"是在于：与同龄人相比，"名校"帮助他们离"名利"更近了一大步，"名牌大学"就意味着今后闪闪发光的"名牌履历""名牌单位""名牌生活"……我真心希望他们在所谓的"名校"中能收获到一些更真实的"幸运"——一些能使自己生活得幸福，并且能帮助他人收获幸福的东西；一些令人终身受用，或者令人终身快乐的东西。

Part 5

用大爱，做小事

　　一个人的精神生命力取决于他内心爱的活力——一个人心中的爱越诚挚，他的精神生命越坚韧；一个人心中的爱越广阔，他的精神生命跨越的时空也就越广阔。当一个人爱天下人，他的精神也就趋于不朽。

一个人的"善"不是奉献给他人，
而是最终奉献给了自我的"良心"。

做一个"达"人

我们常说"穷则独善其身,达则兼济天下",这本是自古至今中国传统中称颂赞誉的个人修养。但时至今日,当我们在日常生活中用"独善其身"一词形容某人时,却似乎抱有某种明显的不满,不但背离其原初的赞美之情,而且含有相当的批评之意。

谁说"独善其身"不是善?

"独善其身"绝非"不善",更不是"恶",其实它也是"善",代表了一个人决不妥协的道德原则,是他无可退让的"良心"底线。换言之,"独善其身"是一个善良的人在自己最黑暗、最沉重的阶段依旧在保守和坚持的"良知"。所谓"穷则独善其身",其中的"穷"类似于"穷途末路"的"穷",指的是处境的窘迫、人生的失意、长久的不得志。"穷则独善其身"意味着一个人即使在自己生活最没落、最不如意、最艰难困苦的阶段，也至少要洁身自好，绝不因受害而害人，绝不随境遇失落而人格低贱，绝不为生活所迫而危及良知——虽处境无比糟糕、自顾不暇的"我"已无力造福于人，但至少还能问心无愧；虽自问无能于获得"兼济天下"的"助人之乐"，但至少还有"独善其身"的"无亏之安"。

事实上，"穷"时的"独善其身"意味着一个人无论境遇如何，始终保持自我人格的无害；不管是否受到他人卑鄙下作的毁伤，依旧坚持高洁的操守，不动害人之念；即使唯有同流合污才能换来生活之轻逸，却不为所动、置身境外，执意保全自我灵魂的清白。

这样的"独善"固然不及"兼济"之"广利"，但究其实质，始终的"无害"何尝不是一种长久的"兼济"？在任何情况下，尤其是举步维艰的逆境中，能坚持做一个对他人无害、对社会无害、对国家无害、对民族无害、对人类无害的人，何尝不是一种难能可贵的"公益"？一个人能施以援手、救助他人，当然是美好的大爱，而一个人如果能长期在乌烟瘴气中立于超然之境，对心胸狭隘之人怀有包容之心，何尝不是一种"慈悲"？

或许，真正"兼济天下"的"关怀"必须首先具有"独善其身"的"清净"，真正"兼济天下"的"豪迈"不能离开"独善其身"的"纯粹"。记得1979年诺贝尔和平奖获得者特蕾莎修女接受记者采访时，记者问她："我们能做些什么来促进世界和平？"她的回答是："回家，并且爱你的家庭。"

"独善其身"与"兼济天下"的完美融合

其实，"兼济天下"与"独善其身"不是两种截然对立的人格，而是同一个人在不同的处境中，其内心的"真善美"从不同的侧面折射而出的光辉。或者说，一个道德品质真正高尚的人，必然同时具备"穷则独善其身，达则兼济天下"的品行，而一个在"穷"时不知"独善其身"的人，我们也不敢奢望他会在"达"时成为心存关爱、"兼济天下"的善士，就像我们很难想象出有这样一种"义人"，在富有的时候积极投身于慈善事业、终日以救助他人为己任，在穷困潦倒的时候却会为了存活不择手段、伤天害理。

"穷则独善其身，达则兼济天下"只是说明了一个道理：一个真正善良的人，不论是贫困还是富裕、得意还是失意、穷途还是达境，他都不会心怀恶意、都不会伤害他人，他的善良不以环境优劣而改变，不因他人态度而转折，他的"向善""求善"、对"善"的忠诚持之以恒、矢志不渝。

而"独善其身"和"兼济天下"的差别仅在于——人生境遇的起伏跌宕，使其内心之善如浪里行舟，若隐若现，隐时为"独善其身"，显时为"兼济天下"。而那些在世人口中被一致称颂为"兼济天下"的高尚德行，对真正实践它的人而言，或许只是出于一种微不足道的"独善其身"，为的是日久年深的问心无愧；那些对众生始终饱含深情的伟大心灵，我们以"圣人"之名加诸其身、以神圣的光环笼罩其一言一行，而他们看到的自己却往往是一颗不够坚强的心和一个平淡无奇的人；我们以为那是牺牲小我的大公无私，却不知道那是"小我"与"大我"的合二为一，是在爱中自我与他者休戚与共的命运交织。

"达则兼济天下"既是"公益"，也是"私善"，因为对于一颗博爱的心而言，我不在天下之外，天下亦常居我心中，又何来"独善其身"与"兼济天下"的格格不入？

特蕾莎修女题为《不管怎样》的短小演说恰是"独善其身"与"兼济天下"的完美融合——

　　人们经常是不讲道理的、没有逻辑的和以自我为中心的，不管怎样，你要原谅他们。

即使你是友善的，人们可能还是会说你自私和动机不良，不管怎样，你还是要友善。

当你功成名就，你会有一些虚假的朋友，和一些真实的敌人，不管怎样，你还是要取得成功。

即使你是诚实的和率直的，人们可能还是会欺骗你，不管怎样，你还是要诚实和率直。

你多年来营造的东西，有人在一夜之间把它摧毁，不管怎样，你还是要去营造。

如果你找到了平静和幸福，他们可能会嫉妒你，不管怎样，你还是要快乐。

你今天做的善事，人们往往明天就会忘记，不管怎样，你还是要做善事。

即使把你最好的东西给了这个世界，也许这些东西永远都不够，不管怎样，把你最好的东西给这个世界。

你看，说到底，它是你和上帝之间的事，而绝不是你和他人之间的事。

——你看，说到底，一个人的"善"不是奉献给他人，而是最终奉献给了自我的"良心"。

身心修养是做人的根本

南怀瑾先生曾说："身心修养是做人的根本。"君子当务本而修身，一个人若修身到位，即使无力飞黄腾达、"兼济天下"、造福于民，至少能够修己正心、"独善其身"、与人无害。我们应当努力使自己知书达理、耳聪目明、识时达务而成为一个真正的"达人"，以此"兼济天下"，给他人带去惊喜，并从他人惊喜的幸福中，收获自我的惊喜与幸福，但生活无常，好景时有更变，当我们跌落失意或深陷困境，无力为他人带去惊喜和幸福时，至少我们还能尽自己最后一点心力：不给他人带去灾难和痛苦。若不能"立人达人"，至少不"损人利己"。

身心的修养之所以重要，就是因为它能在我们的内心培植起一株精神的参天大树，在盛夏繁荣之时，它茂盛葱茏的树冠能为众人提供阴凉，在严冬酷寒之际，它至少能维持自身不为强风所折、不被坚冰所镂。能"兼济天下"往往令我们精神振奋、情绪欢畅，"独善其身"的清冷孤寂自然与之不可同日而语，但它至少能使我们对自己还抱有一丝敬意。在浊流中坚守"清者自清"的"自爱"，有时需要"敢与世界为敌"的勇气，不论最终效果如何，这样的勇气本身已然是一股强大的心灵力量，业已为我们的人生不济做出了一些补偿：当世界不值得尊敬的时候，至少我们还可以尊敬自己。

写到这里，我想到了二战中的德国哲学家雅斯贝斯，他的妻子是犹太人，面对当时纳粹对犹太人的残害，她终日深陷恐惧与绝望之中，雅斯贝斯本人也因为妻子的犹太人身份而遭到当局的迫害，这位德国著名的哲学教授随即失去了工作，他的作品被全面禁止出版，连他最好的朋友哲学家海德格尔也选择了置若罔闻、漠不关心。而当他的妻子表现出对长久生活的德国充满仇恨时，雅斯贝斯却说："不要恨德国，你要爱德国，因为我就是德国。"当他的妻子不想连累丈夫的学术前途而主动要求丈夫放弃自己时，雅思贝斯却选择"站在妻子与世界之间"，以个人微弱的良心之光芒与无边的黑暗相抗衡。

穷不失义，达不离道

"兼济天下"的人也好，"独善其身"的人也好，他们都是"好人"，他们是同一个"善"在不同情况下的不同化身，就像神话故事《西游记》中那位"大慈大悲"的观音菩萨，能化身为世间形态万千的各种形象，此刻是与人方便的少女，彼时是指点迷津的老翁……而万变不离其宗的是一颗承载着"真善美"的良心。他们本是同一把琴上的不同琴弦，由同一支"善"的琴弓拉奏出不同的音色，时而轻细，时而激昂，但同样优美、同样高雅。

"独善其身者"与"兼济天下者"之间不存在根本的善恶道德之界限，唯一的差别只在于他们的处境不同，个人德性的影响范围由此也就有了远近深浅之分。

换言之，对于一个高尚的人而言，"穷""达"仅是身外之境的变迁，而根深蒂固的是内心的道义，也就是孟子所说的"穷不失义，达不离道"，两者同样可贵。

事实上，很多时候，"穷不失义"并不比"达不离道"更轻松，同样，处境没落时不求闻达的"独善其身"并不比富贵显达时乐善好施的"兼济天下"更容易做到。仔细想来，一位心存大爱的慈善家，与一个一辈子克勤克俭、诚实待人的劳动者，似乎是同样伟大的。

当一个人还能辨认出自己的"良心"，当他的"良心"还能认同并尊重他的举止行动，那么这或许还不是一个人最糟糕的处境。更糟糕的是，我们被黑暗攻克，摒弃了内心美好的信念，而不得不故作亲热地去拥抱我们发自内心鄙视的丑陋，不但为其鼓掌、赞美它，还要与之融为一体，成为它的附庸、随从、帮凶；我们对自己不齿、对自己厌恶，不再觉得自己dear（可贵的、亲爱的），不再热爱自己，不再欣赏自己，不再尊敬自己。

当我们面对穷乏困顿的处境，我们的选择不会像富贵达利时那么多，到了那时，或许我们全力以赴所能做的，也仅仅只是阻止情况变得更糟。我们最后的底线或许就在于"独善其身"，唯其如此，我们的内心至少还能留存一丝安慰、一丝骄傲、一丝自尊，此时如果我们舍弃了独善其身，恐怕我们就真的什么也没有了。

大爱者，无惑

很多年以前，当我还是一名哲学系的本科生时，在西方哲学史的课上读到了古希腊哲学家苏格拉底的那句名言——"德性即知识"。由五个字排列而成的这一句话当时就隐隐约约对我的内心产生了一股不可名状的冲击力，我深信其中一定蕴藏着真理。

求善就是求真？

苏格拉底为什么会把"知识"和"德性"联系在一起？两者之间如何能画上一个等号？我们平常提到人类精神的至高境界时往往用"真、善、美"三个字加以概括，既然它们是三个字，而没有用同一个字来表达，可见"真"必然不可能等同于"善"。毋庸置疑，在此，"知识"指向"求真"，"德性"指向"求善"，"求真"与"求善"在我们看来是两个维度的东西，风马牛不相及，那么我们又该如何理解苏格拉底所说的

"求善即求真"？

无独有偶，我们中国有着同样悠久历史的儒家经典《中庸》里也有相似的论述："知、仁、勇三者，天下之达德也"，意思是"有知识、仁爱、勇气，是普遍通行天下的美德"。似乎也可以理解为，这三者是众美德之本源，其他的很多美德由它们引申而来、派生而成。它们就像是"道德"这棵大树的主干，其他美德则是从主干分叉延伸出去的枝繁叶茂。由此可见，即使在古老的东方文化中，"知识"与"美德"也是直接相关、不可割裂，而且"有知识"相对于其他很多美德而言，堪称通达四方的"根本之德"、追本溯源的"大德"。但这个结论跟我们的实际生活经验相去甚远。现实生活中不胜枚举的事实告诉我们，道德与学问不成正比，一个博闻广识的人不见得就是一个明辨善恶的人，而一个斗字不识的农村老者很多时候倒有着一副大慈大悲的"菩萨心肠"。这么看来，"知识渊博"与"人格高尚"根本上就不是一回事。

"知识是人对灵魂中的真理的回忆"

从苏格拉底的学生柏拉图那里，我得到了支持这一结论的证据。对古希腊的这些哲学家而言，"知识"不是我们对外部世界的物质的认识，而是我们对潜伏在自我灵魂世界中的真理的回忆。在他们看来，我们在身体上、物质上是我们父母的孩子，而我们在精神上、灵魂上则都是真理的产儿，就像我们每一个人的身体基因里埋藏着父辈母辈遗传的密码，同样，我们每一个人灵魂的某处也与生俱来被打上了"真理"的印记。这也就意味着，苏格拉底所说的"有知"不在于我们识多少字、懂多少国语言、看不看得懂股票的走势、明不明白什么叫文学，而在于我们能不能回忆起我们与真理的嫡系亲缘，我们能不能摸到天赋的真理与我们的"良心"。因此，苏格拉底所说的"无知"也不是我们口中的"文盲"，或者未曾受过良好的文化教育的人，而是那些远离了灵魂中的真理、背弃了生而有之的良心的人。

换言之，在古希腊的思想传统中，人类的"知识"可被区分为两类——"生存的知识"和"生命的知识"，前者是一个人用来获得物质、维持自身基本生存的知识，后者是一个人用来呵护精神、使生命健康美好的知识。"生存的知识"教给了我们谋生技能以及一些日常生活的人情世故；"生命的知识"则让我们事理通达、心安理得、自由欢乐；"生存的知识"十分有用，却冷冰冰，"生命的知识"看似无用，却相当温暖；"生存的知识"有一个别称，叫"精明"，"生命的知识"也有一个别称，叫"智慧"。

这后一种"知识"就是苏格拉底所强调的"德性",也是儒家经典中所指的那个"知"——达德之一。在《孟子·告子上》中,孟子说:"乃若其情,则可以为善矣,乃所谓善也。若夫为不善,非才之罪也。恻隐之心,人皆有之;羞恶之心,人皆有之;恭敬之心,人皆有之;是非之心,人皆有之。恻隐之心,仁也;羞恶之心,义也;恭敬之心,礼也;是非之心,智也。仁义礼智,非由外铄我也,我固有之也,弗思耳矣。故曰:'求则得之,舍则失之。'或相倍蓰而无算者,不能尽其才者也。《诗》曰:'天生蒸民,有物有则。民之秉彝,好是懿德。'"

他的意思是:从人天生的性情来说,都可以使之善良,这就是我说人性本善的意思。至于说有些人不善良,那不能归罪于天生的资质不良。《诗经》说:"上天生育了人类,万事万物都有法则。老百姓掌握了这些法则,就会有崇高美好的品德。"同情心,人人都有;羞耻心,人人都有;恭敬心,人人都有;是非心,人人都有。同情心属于仁;羞耻心属于义;恭敬心属于礼;是非心属于智。这仁义礼智都不是由外在的因素加给我的,而是我本身固有的,只不过平时没有关注它因而不觉得罢了。"探求就可以得到,放弃便会失去。"人与人之间有相差一倍、五倍甚至无数倍的,其实天资上的差别微弱,只是有的人清醒认识并充分发挥了这些天资,有的人糊里糊涂、

真正的"知识"只有一种——真理，
只指向一个终极目标——善。

浑浑噩噩、自暴自弃。

孟子认为，这"仁义礼智"四种"美德"，本来就在人的天性中，一个人后天要使自己成为有德之人，只需去探索追求那些先天被植入他天性之中的"善端"，它们就自然会像种子一样生根发芽、开花结果，这与柏拉图所说的"知识是人对灵魂中的真理的回忆"有着异曲同工之妙。

"厌世"，是"自厌"的蔓延

在苏格拉底、柏拉图、孔子、孟子这些伟大的思想者那里，真正的"知识"只有一种——真理，只指向一个终极目标——善；真正的"知识"不教人如何成为优秀的律师、优秀的政客、优秀的金融家，而是教人"何以为人"、何以成为"好人"、何以成为一个"社会的良知"、何以成为一个优质的"人"；真正的"知识"超越了"生存的知识"，超越了谋生，超越了金钱和物质，它是"生命的知识"，教人获得心灵的安宁和精神的欢乐。而苏格拉底、柏拉图、孔子、孟子，以及一切伟大的人，他们之所以伟大，不在于他们比我们更博学、更有见识、有更丰富的科学知识、更擅长生存之道，而在于他们比我们更有德性、更有胸怀、更懂得生命的真谛。

　　难怪孔子在《论语·子罕》中说："知者不惑，仁者不忧，勇者不惧。"也就是说，一旦我们掌握了"生命的知识"，始终能明辨是非、区分好歹、看清善恶，那么我们自然而然会去追求那些真正对我们善的、长久对我们好的、始终对我们而言是正确的事物，生活中又哪来那么多难以决断的选择，又哪来什么挥之不去的困惑？

　　如果我们仔细想想，就不难发现，生活中那些鸡毛蒜皮的麻烦虽然令我们时时不快，但我们终究知道原因、明白其中的来龙去脉，即使一时解决不了，终究不足以构成我们彷徨无助的"困惑"。而那些真正能被我们称为"困惑"的东西，驻留在我们的精神世界里，有时让我们觉得所做的一切都没有意义；有时让我们觉得内心空荡荡、那么孤独；有时我们走到哪里、和谁在一起、吃什么都只是无聊和乏味；有时我们发现无论做什么事都不能使我们发自内心地快乐，我们变得什么也不在乎、什么也不爱……"困惑"对人的影响就像是一个人掉入了精神的"荒漠"、情感的"空洞"，四处萦绕而无可驱散，上下求索却处处踩空，深受其扰却无力摆脱。它对我们情绪的破坏力远超过那些令人恼怒的鸡零狗碎，后者会使我们情绪激动，甚至大发雷霆，前者却使得我们没情绪，对什么都无精打采，只剩下对生活的深深的倦意与冷冷的漠然；后者激起我们的嬉笑怒骂，但那至少证明还有一股生气、一种活力，前者却让我们瞥见了一个逐渐干涸的自己，生命的汁液正慢慢地流失殆尽，无计可施。我们会发现这样的"困惑"一旦缠上了我们，多少物质上的投入都无法解决，相反，更大的困扰就是不管多少钱、多高的地位、多奢华的享受，都换不来那生命的朝气、内心的充实、精神的振奋、灵魂的安宁。

一切"厌世"，都是"自厌"的蔓延。"自厌"是"厌世"的起源。当一个人对自己失去兴趣了，自然而然也就对一切都失去兴趣了。

爱比生命本身更温暖

如果我们静下心来，去审视和探索一下那些能使我们自始至终兴趣盎然的对象——那几个我们愿意花一辈子时间去了解和交往的人、某一项愿意为之献身的事业——我们就会发现他们有一个共同点：他们之所以能唤起我们持久的热情、能激发我们全身心去奉献，就是因为他们本身充满了新鲜活跃的创造力，他们总在不断地自我更新，如永不干枯的源泉、如亘古常新的自然。与这样的人为伴，或者投身于这样的事业，我们不觉厌烦，我们孜孜不倦。

那么，同样的道理，如果我们不想对自己生厌、希望能对自己保持长久的兴趣，毫无疑问，我们自己身上就必须有一些能够始终吸引自己的、历久弥新、永不衰竭的好东西。

什么样的东西能这样旷日持久地散发光和热，一旦我们拥有了它，就能分享它取之不尽、用之不竭的能量？什么样的东西能驯服我们不知餍足的精神，使之长久安乐？——这不是"生存的知识"力所能及的问题，多少金块堆砌出的璀璨耀眼也亮不过一个发自内心的微笑。关于生命的问题只有在"生命的知识"中才能找到答案，而能为生命源源不断提供热情的东西，一定比生命本身更温暖。这世上还有什么，能比心里的爱更温暖？

英国哲学家、诺贝尔奖获得者罗素在谈及他为何而生时，说出了这句举世皆知的名言"有三种情感，单纯而强烈，支配着我的一生：对爱情的渴望，对知识的追求，以及对人类苦难不可遏制的同情"——这支配他一生的情感就是"爱"：对真理的热爱、对某一个人的深爱、对人类的博爱。

就像一朵花盛开了，它的芬芳会在空气中弥散一样，一个人心中的爱会以某种类似热能的方式传导给他身处的空间和空间中的人。生活会因为这一团暖意而变得更温柔可爱，而他对这样的生活和生活中的自己也会萌生更多的喜悦和热情。一朵花的香味越浓郁，飘散的地方就越遥远。同样，一个人心中的爱越充盈，这爱波及的人就越多，不仅能照亮他自己、惠及亲人，还能由近及远、推己及人，传递得更宽广更久远，被他的爱温暖到的人也就更多更普遍——甚至是一些他所不知的陌生人，甚至是一些对他一无所知的后人。

一个人的精神生命力取决于他内心爱的活力——一个人心中的爱越诚挚，他的精神生命越坚韧；一个人心中的爱越广阔，他的精神生命跨越的时空也就越广阔。当一个人爱天下人，他的精神也就趋于不朽。这世上只有两样东西能让人千秋万代——思想与爱。而所谓"思想"，不过是对真理的大爱。

这里所说的"由近及远""推己及人"的、像阳光般温暖更多生命的大爱，不就是孟子推行的"老吾老以及人之老，幼吾幼以及人之幼"吗？不就是孔子一生所倡导的"仁爱"，即儒家文化的核心吗？

而这样的"大爱"同时也是哲学家苏格拉底为之献身的生命意义。公元前399年，苏格拉底被雅典法庭判处死刑，罪名是他不信神和腐蚀雅典青年的精神。事实上，他不但没有毒害青年人的精神，反而是青年人精神的助产士；他不是不信神，

而是不愿意像当时绝大多数人那样以无知和盲目去迷信神；他
对希腊众神不但没有丝毫的亵渎，反而对他们充满虔诚的敬
畏，他认为人类能用理性思考、用德性生活正是拜众神所赐的
恩典；他不但不是希腊城邦的破坏者，反而对希腊城邦饱含深
沉的爱，他一生引导希腊的公民探求关于做人的"知识"，过
有"德性"的生活。当时的希腊时局动荡、社会腐败，苏格拉
底为之痛心疾首。于是他决心做一只牛虻，用尖锐的理性锋芒
去蛰醒雅典这匹昏睡的纯种马，就像我们的鲁迅先生用辛辣的
文字敲打"铁屋子"里的中国人一样。苏格拉底获罪于他的德
性之善、理性之强，苏格拉底的死源于他与众不同的、对世人
的大爱。

爱像一束光，照亮一切阴霾

"大爱"，对于苏格拉底而言，或者在儒家圣贤那里，
既是情感，也是理性；既是纯正的"美德"，也是最高的"知
识"；既是至善，也是至真，同时也是至美。所以"德性即知
识"不是苏格拉底的随口一说，而是他毕生的哲学精髓，他的
一切知识都以"善"为根据，为"善"服务，追求更"善"的
生活。

同时，只有"大爱"，能使人既宽厚仁慈，又刚正不阿。正是"大爱"成就了"仁"，又激发了"勇"。所以儒家的"知、仁、勇，天下之达德也"，说到底就是"三位一体"，植根于儒家的"仁爱"精神。

"德性即知识""德性即大爱"，所以，在爱中，"真""善""美"融合为一。

爱，无惑——一个人的困惑就起于他不知何所爱，于是面对选择常不知何去何从。当一个人心有所爱，爱之所指便是家园，那么无论面对什么诱惑，他都不会纠结，因为他走出的每一步只为"回家"。纵使这条回家之路艰难曲折，也甘愿为之受难。爱像一束光，能照亮一切阴霾。我们的身边注定时不时会出现绚丽多姿的流光溢彩，可与前方"家"中窗户里透出的暖暖的炉火相比，又算得了什么？若一个人眼前常有家的远景，他怎会迷路？若我们心头常有爱的观照，这一生又何来迷茫？

苏格拉底被判处死刑之后，他的亲友和弟子们都劝他逃往国外避难，那是多么诱人的选择，换谁不心动，却遭到苏格拉底的拒绝。最后他镇定自若地当着弟子们的面饮鸩而亡。他并非不珍惜自己的生命，而是他愿意将自己纯洁而无辜的生命奉献给他所热爱的城邦，他愿意为他执着信守的"德性"和"真理"殉道。与之相似的是"戊戌变法"失败后英勇就义的"六君子"之一谭嗣同，当时日本使馆曾派人与他联系，表示可以为他提供"保护"，他断然回绝，并对来人说："各国变法无不从流血而成，今日中国未闻有因变法而流血者，此国之所以不昌也。有之，请自嗣同始。"

这两个人有一个共同点：心中有爱——愿为爱而生，也愿为爱而死。即便是死，也不过是回家路上又进一步罢了。为爱而死，就是他们的活法、他们的生路。

Part 6

生、老、病、死

　　每个人都有一个纯净无杂质的人生起点，如那清涼欢快的涓涓细流。然后必要经历一段沉浮不定、渐趋纷杂的成长过程，如那遭受污染、浑浊不堪的河道。最终，总会回归于一个清净自在的人生终点，如那容纳百川而自成一体的汪洋大海。

长大对我们而言到底意味着什么？
意味着"成熟""衰老"还是"复杂"？

每个人都是人类系统中
一个承上启下者

　　我认识一个艺术界的朋友，一次跟我聊天时说，有一天他在长途开车的过程中突发奇想：我的父母结合产生了我，我是他们的孩子，所以我的身体里有来自父亲的部分，也有来自母亲的部分。看起来我是一个独立的、独特的、个体的人，实际上，我的身上至少包含了来自我的父亲与母亲两方面的元素。而我的父亲和母亲又分别来自他们各自的父母的结合，因此我的父亲身上必然包含了爷爷奶奶两方面的元素，同样，我的母亲身上也必然包含着来自外公外婆两个人的基因。若到此为止，那么这个小小的"我"实际上已经包容了至少六个人的元素，只是与我关系越直接、越紧密、离我越近的那些元素往往表现得越鲜明，比如在我的脸上还能清晰分辨出哪些是来自母亲的遗传，哪些部分长得与父亲更相像，而祖辈们的相貌特征相对而言显得不那么明显，但偶尔间我们不经意的一个侧面或一个表情仍会唤起旁人的啧啧惊叹。

　　如果我们继续层层往前推演：我有我的父亲母亲，我的父亲母亲有他们的父亲母亲，我的祖父祖母还有他们的父亲母亲……这样不断推导，我们会发现这个家族谱系所涉及的人越来越多、延伸得越来越遥远悠久、铺展得越来越广阔无边……想到这里，突然惊奇地感到，"我"不只是"我"，而是千千万万个人的"结晶"；"我"不只是一个人，而是有无数个过往的人化作某一个基因活在了我的生命里。"我"的诞生不只是从母体中出生的那一瞬间，可以说，当世界上第一个人诞生时，甚至天地间第一个生命体出现时，"我"已然栖息在生命新陈代谢的序列中，只是人类历史仍在不紧不慢地酝酿着它的计划，"我"必须经历一个相当漫长的等待过程，直到自然为"我"这个具体的生命预备好种种素材，才在那一个我们称之为"生日"的特殊时刻创造了那个呱呱坠地的"我"。或者说，每一个人，他不只是他自己，他体内流淌的血液里其实融入了无数人的生命迹象。

　　有趣的是，当我们试图顺流而下，往后推演，情况也是相似：我和另一个人结合，有了一个新的生命，这个新生命里有"我"；这个带着"我"的印记的新生命长大，与又一个人结合，诞生了下一个新生命……生生不息、通达无限……这样看来，"我"不只是"我"，某一天"我"会成为另一个人全部遗传基因中的一部分，会成为千万个不相识的生命里的某一个遗传因子，"我"的生命里可能蕴藏着未来无数个新生命的密码。

听一个朋友说起她在美国见过的一片红杉树林，露在地面上的庞大根系铺满了整片土地，它们相互交织、盘根错节、纠缠错绕、四通八达，如果想清除其中某一条根，几乎是妄想，因为每一条根都与其他根息息相关，每一条根都牵涉到整片杉树林的灵魂。人类何尝不是如此？无论我们是否意识到，其实，我们每一个人都与另一个人紧密相连。我们每一个人，对我们的后代、晚辈而言，是一条根须，为他们输送营养，正如对我们的祖先、前辈而言，我们是细枝片叶，承接着来自他们的传统。我是一个单独的人，也是不知不觉中一个人类基因的承上启下者；我们既是自成一个时代，也是历史众多时代中的一个过渡。

再见了，我的童年

我的头脑中一直游荡着一连串问题：长大对我们而言到底意味着什么？意味着"成熟""衰老"还是"复杂"？记得我们小的时候，是多么渴望早日长大成人，多么盼望自己独立做决定、下判断的那一天快点到来。可是为什么，当我们一边在长大，一边却又"惧怕"长大？为什么有那么多人在努力地逃避长大或拒绝长大？我们拒绝的是长大本身，还是与长大有关的其他一些东西？比如"衰老""不再纯真"……

童年真的比现在快乐吗？

人们都追求快乐的生活，反感那些让自己不快乐的东西。很多人不希望自己长大，不希望自己变得成熟，恐怕就是因为在他们的心目中，"长大""成熟"不是一件快乐的事情。确实如此吗？

当我们绝大多数人在回忆童年的时候，都会流露出恋恋不舍之情，由此可见，对我们大多数人而言，童年意味着美好而快乐的人生阶段。可是童年真如我们记忆中那么甘之如饴吗？也不见得。童年时的我们不也有当时我们忍无可忍的痛苦或者酸楚吗？比如看医生，打针吃药，心爱的玩具得不到，做了坏事被爸爸妈妈打屁股，想吃糖却不被家长允许，不想吃饭了却被勒令必须吃完碗里的米饭、一粒都不能浪费，下课时才玩开、上课铃就响了，放学后想和三五好友去建筑工地的沙堆里寻宝或打仗，却无奈作业那么多……是童年真有那么完美，还是我们在夸大曾经的"美好"来映衬当下的"痛苦"？如果是这样的话，那么等我们70岁的时候回头看今天，会不会也像今天的我们看7岁的自己那样，觉得那是一个令人向往的"纯真年代"？我们逃避着不愿长大、我们刻意地拒绝"成熟"，本质上是不是源于"得不到的才是最好的"？是不是只是验证了永不知足、永不珍惜当下的人类"贱性"？换言之，童年之所以那么美，是不是因为它是我们无可追忆的梦？如果让我们再次回到当时，我们是不是仍旧会像当时一样坐地不起、哭闹不止、泪流满面、苦不堪言？

一个人是从什么时候开始在内心对自己说"再见了，我的童年"？是在某一个特定年龄的转折点，还是因为某一件触动了我的内心，使我有生以来第一次认真去思考的事？就像法国电影《再见，孩子们》里面那个13岁的纯真帅气的小男孩朱利安，当他噙着泪、眼睁睁看着自己最好的朋友犹太男孩波奈和让神父——这个冒着生命危险将犹太孩子藏匿在自己学校里的沉默而深情的天主教神父——被盖世太保带走时，他知道他的童年结束了。在"童年"向"成熟"转变的第一刻，到底发生了什么？是初次尝到了"自由"的美味，还是首次体验到生活的"沉重"？

最成熟的，不过是"天真"

"成熟"具体指的是什么？我们不难评判身体成熟的标志——生理机能的健全、第二性征的出现、生长发育进入起伏较小、相对稳定而持久的状态。那么精神的成熟呢？它有什么标准可循？当我们说这个人幼稚、那个人成熟的时候，我们的评判标准到底是什么？智商？情商？人格？

我们很多人常觉得"成熟"在某种程度上意味着为人"世故圆滑"、处事"世俗中庸"，这就要我们磨去真性情、丢弃"纯真"。而我们明知道"成熟"是人生无可避免之必须，却对纯洁烂漫的童真始终不忍松手，所以我们不得不长大，却并不那么想长大。可是，"成熟"真的排斥"纯真"吗？我很怀疑。我的身边不乏一些年过半百的老者，待人接物、言行举止无不透露着行云流水的自如、动静皆宜的舒展，我无可抑制地被这样的成熟练达、世事洞明所折服。但有趣的是，这样的"成熟"固然是经年累月之修养，却总给人清澈澄明之清新，不但不杂、不乱、不浑浊，相反还很单纯、恬淡、沉静。我不需要有巧舌去回应、用技巧去迎对，我只要静下心来去享受这恬淡交往中的舒适、这阳光拂面时的透明暖意。

我们是不是误解了"成熟"，或者误解了"幼稚"？我们是不是错把"幼稚"当作了"天真"？"成熟"驱散的是"幼稚"，"幼稚"是"假天真""蠢天真""情绪化的天真"，而"成熟"恰在为"天真""打假"，为的是澄清"天真"的真相——"纯洁的天真""朴素的天真""灵魂的天真""逆境时还会感恩的天真""吃亏受骗后仍与人为善的天真""历经世事后一如既往的天真"。"成熟"的本质就是这样的"天真"，"成熟"最不能牺牲的就是这样的"天真"，这是"成熟者"的底线，也是他的原则。就我的知觉而言，"成熟"与"天真"其实融为一体、难分彼此。

博文广识是一回事，成熟是另一回事

那么"成熟"是怎么炼成的？通过学习吗？学什么？学技巧，学知识，学为人处世之道？跟谁学？学书、生活之书、自然之书？怎么学？从经验中学，从阅历中学？可是，知识量与成熟度成正比吗？不见得。"知识渊博是一回事，明辨是非是另一回事"。知识、学历、学位不足以评判一个人是否成熟。那么，阅历与成熟度成正比吗？也不见得。"秦人无暇自哀而后人哀之，后人哀之而不鉴之，亦使后人而复哀后人也。"经历的事多，一般而言会使人更懂得生活，但是我们也常常发现，太阳底下没什么新鲜的"阅历"，人们每天耳闻目睹旁人折腾着绝无必要的分分合合，似乎也并未以史为鉴、以他人为鉴，落到自己身上也还是一样，用今天重复着昨天的错误，在人生选择的岔口，一意孤行地踏上那条他人走过一万遍的弯路。见多识广的人不一定更成熟。那么"成熟"的决定因素究竟是什么？

成熟，就是不断变得"天真"

泉水终将流向何方？

很久以前，我的佛教哲学老师讲了一段他去九华山游学讲课时的亲身感受，大致是说：有一次他被邀请去九华山，给寺庙的出家弟子们讲课。晚上他独自在山路上散步，此刻早已习惯了上海人潮汹涌的他感到树影婆娑、清泉淙淙的山景美不胜收，令人烦恼尽消、心旷神怡，他禁不住一边念起"明月松间照，清泉石上流"，一边走近小溪，近观这轻快流淌的源头活水。看着看着，他不禁自问："如此清净明澈的泉水将流向何方？"思忖之下，发现泉水一路从山顶往低处走，直至山下。"啊呀，这么纯洁、无污染的水要流向山下的人间，被用来洗澡、淘米、冲厕所，实在是太可惜了"，他顿时心生不安。然而，哲学爱好者往往有着打破沙锅问到底的精神，有着追根溯源的偏好，于是他继续追问："被污染的水又将流向何方？"他想到有一部分的水会在阳光的照耀下蒸发为水蒸气，在蒸发的过程中完成自我净化，最终化作雨雪霜霭，落入地面的水道东流入海；另一部分的水渗透到泥土之中，经过土壤的天然净化，回归清澈，随着地下河道汇集入海。于是，九华山的清清泉水沿途虽历经污浊、饱受污染，最终还是会融于大海，在这个具有强大的自净能力的、庞大的生态水系统中重新恢复久违的清澈明净。

人的成长何尝不像九华山的泉水一样。每个人都有一个纯净无杂质的人生起点，如那清淙欢快的涓涓细流。然后必要经历一段沉浮不定、渐趋纷杂的成长过程，如那遭受污染、浑浊不堪的河道。最终，总会回归于一个清净自在的人生终点，如那容纳百川而自成一体的汪洋大海。在这个成长的过程中，我们逐渐成熟，看似越来越远离儿时的"单纯"，事实上却是越来越趋近淳厚而圆满的"天真"。

成熟：从"他净"到"自净"

我们从童年走向成熟，恰是由相对"狭隘的单纯"走向"博大的单纯"；从童年走向成熟，我们正是由相对"无知真空的清澈"渐入"杂而不乱、丰富和谐的清澈"。

童年的清澈，是因为我们涉世不深。那时的我们知道得很少，经历得很少，而即使是我们知道的和经历的，其中的绝大多数也是经过了他人的分析、辨别、筛选和加工改造。童年的我们尚未建立起"自由之精神、独立之人格"，所以没有去粗取精、去伪存真的"自净能力"，我们所品尝到的生活的酸甜苦辣，业已经过了他人的"咀嚼""回味""过滤"，我们接触到的世界业已经历了"他净"过程，由污水蒸馏为纯净水，从生活提炼成童话，暴风骤雨业已被遮挡在我们的认知世界之外，我们感受到的只是和风细雨。童年时我们听父母讲美好的故事，也生活在父母精心创造的美好故事中。我们因为善良美丽的公主受难而落泪，而这样的落泪也成了我们美丽生活中绝无仅有的"受难"。我们没有亲历原始的生活，没有直面真实的世界，我们亲历的是经过他人意志（往往是善意的）如筛子般筛过的生活，我们站在父母、师长用爱与保护编织的无形栅栏内远眺着看似真切的世界。童年的清澈和单纯，往往是无菌环境的结果，是花房中常年室温的效果。"水至清则无鱼"，那样的"至清"依赖于"纯净"，那样的"至纯"源于"无物""无知""真空"。

成熟的清澈，是因为"专精而不自闭，开放而有所守"。随着自然的成长成熟，我们知道得更多，经历越来越复杂。与之同步发生的是，至亲日渐衰老，无菌环境渐渐瓦解，我们不得不凭借一己之力独对世界、自建生活。自我的独立包含了经济的独立和精神的独立，缺一不可。经济的独立意味着物质的自给自足、无需他人的供养。精神的独立则指向独立的自我辨析、选择和创造的能力，不被他人主宰，但这并不意味着无视他人的忠告或建议、不接受他人善意的帮助或提醒，那是"自闭""自负""自大""刚愎自用"。"成熟"的精神在生活的前行中逐渐形成一套"自净"系统，独立地分辨清浊、判别优劣，但它对清浊优劣的评定标准并非一成不变，"自净系统"本身也需要经历一个渐趋"成熟"的动态过程，它在净化外物的同时也需自我反省、自我审查、自我检修、自我净化，以此确保"自净"的功能不陈旧、不僵化、不独断、不受"自以为是"这种病毒的侵染。

"成熟者"保持着与周边生活开放的互动，并在这样的沟通中完善着自我精神的"自净系统"，调动着自我心灵的活跃生机：它执着于一些好东西，但并不排斥其他好东西；它保守传统中的美好，但并不拒绝新的潮流；它有着包容天下的胸怀，却绝不动摇原则的坚守。大浪淘沙，成熟者的精神筛子借鉴了他人的明智、前人的经验，自立于正直的本性，内心饱含赤诚地参照着"真善美"，筛选着面前错综复杂的路。这样的单纯和清澈，无需特定的环境，它甚至与环境无关，即便身处鱼龙混杂、纷繁凌乱的生活场景中，他们饱满而虔诚的内心仍会指引他们"沿着正直的道路前进"[21]。"成熟的单纯"是

"淡泊之守，从浓艳场中试来"，格外坚定；"成熟的清澈"
是"镇定之操，还向纷纭境上勘过"²²，无比冷静。

成熟是"永不起皱纹的灵魂"

我们从童年走向成熟，是由"此一时彼一时的激动不已"
延伸入"持久而平稳的欢乐"。

童年时的快乐，往往"因物喜、因己悲"，基于具体的
对象、关注一己的情绪变动。我们的"快乐"在于"得到"时
的兴奋、我们的"悲伤"源于"得不到"时的沮丧。就像"快
乐"一词的字面意思所暗示的那样，我们的"乐"往往"来得
快去得也快"，全凭当时的情绪，有时"快乐"与"悲伤"之
间没有任何过渡。有糖吃就快乐，吃不到糖就难过；吃到了
糖，又因为不能吃太多巧克力而难过。赢了人家的玻璃弹珠就
快乐，输了就难过；赢到了玻璃弹珠，却因为拿不来人家手里
投石射鸟的弹弓而难过。我们得到很多很多好东西，我们就快
乐，而总有一些东西也很好，但是我们得不到，我们就因此难
过。童年时"因物喜、因己悲"的快乐虽然简单而本真，但只
停留于片刻的满足、短暂的幸福，瞬间之后又将陷入漫无目标
的迷茫或者目标在前却求之不得的无奈。这样的"乐"注定太

"快"而无法稳定持久。

　　而成熟的开心，则接近于"不以物喜、不以己悲"的从容淡定。它放开具体的对象、超越转瞬即逝的个人情绪。那不是来去匆匆的"快乐"，而是豁达大度、无所计较的"开心"。当一颗心是洞开的，就能容纳世间万象，"悲欢"和"苦乐"可以在其中自由出入，随它来来去去、自生自灭，只如风平浪静的海面倏忽吹过一丝微风，偶尔微泛水纹而已。对于成熟者，有糖吃挺开心，吃不到糖也不难过；赢了人家挺开心，输了也不难过；美味佳肴不拒绝，粗茶淡饭不计较；得意之时不显摆，失意之时不抱怨。就像一位禅师所说："幸福不在于得到多少，而在于计较多少，计较得越少越幸福。"当一个人什么都不计较的时候，又何来怨念？当一个人到了"不以物喜、不以己悲"的境界，他总是开心，就会生活长乐。尽管生活客观上仍有起伏波折，也有令人失望的不如意，但生活中的"成熟者"往往因为自我心胸越来越开阔，对欢乐的要求越来越朴素，所以难容之人也就越来越少，烦恼之事也就越来越归于平静。想起法国女作家杜拉斯生前说过："我的快乐之道并不仅仅在于做自己喜欢的事情，更在于喜欢做自己不得不做的事情。"杰出的英国哲学家维特根斯坦在他的日记中也写下了相似的体会："我有一种独特的能力——在我必须做的任何事情中找到乐趣。于是，就没有什么能让人不开心的了。"

所以我们不应逃避成长，更没必要将"成熟"视为"世故圆滑""俗不可耐"的代名词而拒之以千里之外。"成熟"不浑浊，而是"出淤泥而不染，濯清涟而不妖"的清澈；"成熟"不浮躁，而是"百花丛中过，片叶不沾身"的沉静；"成熟"不是来源于"快感"之"乐"，而是"心底无私天地宽"的"开朗达观"；"成熟"并不意味着眼神中的"世故""沧桑"，而是指向内心始终如一的天真纯洁；"成熟"不是人格上的"皱纹"，而是永不起皱纹的灵魂。

越成熟，越自由

随着我们身心的逐渐成熟，我们会越来越自由。

我们的发育成长带来了身体的成熟，由此我们在生理上越来越完全、自由。就像小孩子的肠胃，消化吸收的能力尚未成熟，不够强大，在食物的选择上就要受到一定的局限，硬的、生的、滚烫的、冰冻的、辛辣的、刺激的……都不在其范围之内；而肠胃功能的成熟就确保了我们在饮食选择上的全面与自由。同样地，身体的成熟伴随着性成熟，人类的性能力在时间中逐渐生成。多了一种能力，意味着多了一个选择，也就多了一份自由。性能力的成熟给予了我们"创造"另一个全新的"人"的自由。事实上，我很难想象，在人类世界中还有什么创造能比"雕刻塑造"另一个璞玉般的同类更伟大更彻底，还有什么自由能比带入一个新生命更美妙、更神圣、更严肃也更沉重！

身体成长的同时，人的精神也在生长。精神的成熟意味着我们在精神上更独立，因而更自由。我们不但能判辨外物的正误，还能评断自我的是非；不但能拒斥他人的无理要求，还能反省节制自我的无度欲念。不成熟的我们纠结于"感性"的丰沛与"理性"的限制，感性与理性的斗争使我们深感束缚；而精神的成熟使我们的感性与理性相互和解，我们用理性为自己设定了"有所为""有所不为"之间的界限，在"有所为"的领土上，浪漫的感性纵情舞动、灿烂盛开。精神的"成熟"成就了精神的最高自由——"从心所欲，不逾矩"。

个人精神的高度自由，对于一个"成熟者"而言，远不是"成熟"的终点。一个人往往能通过对自我本心的认识而通达普遍的人性，而当他真正享受过自我的精神成熟所引燃的美好自由，他就会情不自禁去帮助和引导他人收获他们的自由、他们的美好。就像1952年诺贝尔和平奖获得者阿尔伯特·史怀哲博士，30岁之前他在学术与艺术中追求精神的自由烂漫，而30岁之后他潜心医学，之后前往非洲，在那里服务了半个世纪。他敬畏生命，用医学帮助那些病人、弱者，帮助他们实现最基本的人身自由——生存。而孔子在自我精神达到"从心所欲"的同时，又通过他的"传道授业解惑"辅助他人实现精神的"内在超越"，与更多人分享"从心所欲不逾矩"的自在自如。

对于真正的"成熟者"而言，"成熟"不只是一己之精神的不断深化、自我之个体的全面发展。"成熟"的境界更高远，关乎后代；"成熟"的视野更宽广，涉及与己无关的他者。那不只是"我"的自由，而是尽己之力、由近及远地实现更多人的自由；那不只是"我"的欢乐，而是推己及人地传递更深远的欢乐。

向死而生

一沙一世界，一花一天堂

英国小诗"一沙一世界，一花一天堂；双手握无限，刹那是永恒。"[23]它透露出在诗人眼中，自然世界是如此连贯统一的整体，万物之间无一例外保持着神秘的沟通与联系：这墙角的一朵小花在我们寻常人眼中看似结构简单、稀松平常、不值一提，但细细探究之下，却是别有洞天、自成一个复杂世界。那么以此类推，我们生活于其中的这个偌大的自然世界，在我们眼中固然显得复杂深奥，但是如果真的存在另一双比我们人类更高境界的慧眼，就像俗话常说的"举头三尺有神明"，那么在他眼中，我们这个世界会不会也不过是一朵不起眼的、墙角的"小花"？而你我不过是暂时附着在花瓣上的一粒粉尘，时间如风，我们随风飘落？

一位植物学专业的学生曾经告诉我，当她解剖开一朵小花，看到这轻薄的花瓣包裹起来的生命竟是如此精美，其色彩、形态、气味的配合如此构思巧妙，如此符合逻辑，她觉得太不可思议、太神奇美丽，她竟长时间沉醉其中、深受感动。这样的体验非她独有，早在两百年前，德国文学巨人歌德就曾表述过他在漫长的午后是如何不知疲倦地徒步在树林中、草地上，走累了，他就会坐在某一块大石头上休息，时不时沉浸于手中无意间采摘的一株小花，久久被其吸引而遐想联翩。一朵小花在我们看来就是一朵小花；它在歌德眼中却是一个世界。

难怪风云变幻的时尚界潮流涌动、千变万化，最终取之不尽、用之不竭的灵感还是来自于自然界此一处彼一处墙角的"小花"，或者此一处彼一处鲜艳的蝶、虫、鱼、鸟，就像香奈儿标志性的永不衰败的"山茶花"、风靡半个多世纪的色彩亮丽的"甲壳虫车"……很久之前，我在朋友那里看到一本厚厚的画册，封面上写着"Jewelry"（珠宝首饰）。按捺不住好奇和向往，我翻开了图册，呈现在我眼前的是上百幅照片，每一页竟然都是一只昆虫的特写，它们每一个细节处的花纹经过放大，显得那么细致精巧、美轮美奂，它们左右两侧的图案丝丝缕缕、繁而不杂，又是那么均匀对称、恰到好处。我不觉震撼，即使是人类最伟大的艺术家恐怕也无法拥有如此浪漫不羁的想象力，即使是最神奇的画笔刻刀也难以与这自然之手千万年以来的切磋琢磨、精雕细琢相提并论。我们为艺术倾倒，而艺术臣服于自然。刚开始，我以为这本图册的名字一定是印错了，这哪是"首饰"，明明是"生物"，但转念一想，名字没标错，相反，这恰是图册作者的独具匠心之处：世界上还有什么人工的"首饰"能比这生物界中的鱼鸟蝶虫、花草树木更华丽精美？它们确是"珠宝"，是镶嵌在"自然华服"上的、"上帝"佩戴的珠宝。

花非花

在"觉悟者"眼中，我们所忽略的墙角的一朵小花里可能蕴藏着一个别样的宇宙，指缝中漏下的一粒微不足道的尘埃中可能内含了一片新天地；同样，我们生活于其中的这个包罗万象的世界实质上可能只是一朵硕大无朋的"巨花"、一颗在显微镜下被无限放大的果核，而我们则是生活于果核内部的微生物，就像斯蒂芬·霍金的那本书名《果核里的宇宙》说的那样。

突然联想到，千年前灵山法会上众生求道问法，佛祖释迦牟尼却低头手中拈花，迦叶尊者则在一边面含微笑。两人皆默不作声，却心领神会、心照不宣，为何一言不发、沉默不语？——关于智慧、生命、真理这些无限的"大道"岂是人类有限的文字言语承载得了的？我们的语言纵使能表达眼之可见、耳之可闻、身之可感的万物，又如何来言传那四下弥漫而无处不在的"真理"？要问什么是生命、什么是智慧、什么是真善美，且看手中的这朵"小花"——小花是生命万象之一，花谢花开、秋去春来，生成春华秋实、化作落红春泥；正如人类从婴儿、少年、青年，走向壮年和老年。任何生命之物何尝不是如此？与这看似平常的"小花"又有多大区别呢？佛祖、迦叶尊者皆不说话，因为"小花"在说话，用她静默的语言，她的色泽、香气、形态、颤动、她的生命轨迹，就是她的语言，正如沙粒、天空、月光、落叶自有其"窃窃私语"、无声之隐喻。而你我又何尝不是佛陀手中执起的那朵"小花"？若领会了佛祖手中那一朵"小花"的真意，那么对自己这朵被自然之手、命运之手拈起的"小花"似乎多少也能有所了然。有人说，手握自然界任意一块石头，用心凝视它三十分钟，你就会爱上它。这不一定是什么无稽之谈，"凝视具有一种力量"[24]，它在传递一种生命的能量，能实现一种语言之外的精神沟通。而"觉悟"恰是在这精神的凝视之下，心灵如"春暖花开"般豁然绽放。

站得高，看得远

"觉悟"本身并不属于什么特别异乎寻常的高深修行，或高不可攀的精神境界，事实上每个人都有悟性，人人皆有所觉悟。只是，由于人的天分高下、生活的机缘巧合，"觉悟"有迟有早、程度有所不同而已。所谓"觉悟"听起来玄之又玄，其实一言以蔽之，就是我们生活中常说的"站得高看得远"。拿楼层来打个比方，一般而言，三楼的人看得到的东西，十楼的人也看得见，而且看得更全面更完整；而三楼的人怎么也看不见的风景，十楼的人往往可以轻易地看得真切。三楼的人看到一条小河被一座大山挡住，到了尽头，于是心生哀愁、一声悲叹。谁料十楼的人，视线足以越过山巅看到山的那一边，他欣喜地发现那小河未被大山阻断，而是绕过大山，在山的那一边继续绵延流淌，通向远方，甚至途中纳百川而汇成了大河，奔腾不止、浪涛滚滚、东流入海，于是当三楼的人在为小河的命运悲悲切切时，十楼的人却充满希望、无比乐观。

同样的道理，我们很多觉悟低的人有时觉得一件事无论如何也做不下去，因为那困难貌似灭顶之灾，就像那座阴沉的大山死死地挡住了小河的去路，无法克服、难以翻越，但是那些觉悟高的人却可以从容应对、举重若轻，这倒不一定是因为他们有更强大的能力，而是因为我们站在精神境界的三楼，而他们站在十楼，他们站得比我们更高，看得也就自然比我们更长远。就像那个站在公寓十楼的人能看到大山那边小河继续奔流一样，精神境界较高的"觉悟者"能预见到那个看似不可逾越的困难，真要翻过了，眼前将是风调雨顺、一马平川。在日常生活中，我们常常把那些"绝处逢生"者、"大难不死"者、"夹缝中的幸存者"称为"智者"或者"天才"，其实他们相对我们而言只是"更觉悟的人"或者"精神境界更高的人"。

大彻大悟，点燃了别一重境界的喜悦

"觉悟"的最高境界当然就是"彻悟"，也就是通常所说的"大彻大悟"。那意味着一个人对生命的真相、对世界的本质彻底看明白了、完全参透了。所谓"彻悟"，有点类似于我们平时所说的"看破红尘""参透世事"，但是我们常常误以为这样的"彻悟"就意味着要遁入空门，出家为尼，削发为僧，从此过上青灯古佛、索然无味、毫无激情、清心寡欲的生活了。在这里，有必要澄清一点："看破红尘、参透世事"的"彻悟"跟"投身佛门""皈依宗教"没有什么必然联系。

所谓"看破红尘"就是说"心在红尘之上";所谓"参透世事"也就是指"看得比世人更深远",意味着这样的"觉悟者"在精神境界这座公寓楼层中站得比芸芸众生更高。而当他站在精神境界的最顶层,"会当临绝顶,一览众山小",他的精神高度自然而然能使他看到世俗生活中的眼睛遥不可及的深远之处、长久之后。相对于红尘世事中的我们,他当然是先知先觉者。在佛教中,我们常将这样的"彻悟者"称为"佛"。因此"佛"不是神,不是天外来客,而是彻底的觉悟的人,是"觉解万法、事事通达"从而大彻大悟的人。

人是否可能"彻悟生死"?

既然是"大彻大悟",当是彻悟所有、无一例外的。而在日常生活中,我们最看不破、最难以参透的,就是"生死"。若彻悟者果真"彻悟",他定能理解死亡,看破生死,并安然受死。这是否可能?如何可能?

冯友兰先生在《中国哲学简史》一书中解释庄子的智慧时用了这样一个例子:小孩子相对于大人而言,往往不能理解很多事,比如"下雨天不能出去玩"。小孩子碰到这种情况常常会捶胸顿足、满地打滚、哭闹不止、难以释怀,有时竟生气一整天。但是大人们不会这样，因为大人们能理解"天总会下雨，下雨地就会湿，出门游玩会有诸多不便，影响趣味和快乐，改天不下雨会更好玩"。那么在这一点上，大人相对于小孩子来说站得更高看得更远，更有"觉悟"。

"彻悟者"对于我们而言就好像大人对于小孩子。虽然我们都知道"人会死"，那对我们所有人来说都是一个不争的事实、一个始终正确的知识、一个不可避免的宿命，但我们并不对"我会死，我的生命正在逐渐趋近死亡"这一事件真正释怀，我们难以摆脱对它的恐惧，每每思及，诚惶诚恐。但是彻悟者能释怀，他不恐惧，他安之若素，他不贪生也不惧死。因为我们看到的生命就像那个三楼的人看到的小河，我们看到的死亡就像他看到的那座无法撼动的大山，大山阻断了小河，就像生命无法超越死亡，我们面对死亡的悲痛就像三楼的人看到小河流到尽头所萌生的那份惆怅；但是彻悟者眼中的生命正像那个十楼的人看到的小河，死亡正像他看到的那座大山，虽然黑森森的很吓人，但并非不可超越。如同十楼的人看到了大山那边小河的延续和壮大，彻悟者看到的是"生命"并未被"死亡"取消，而是在经历了"死亡"这个环节之后进入了生命的另一种存在状态、另一个存在形式。生命还在，只是与之前不一样了。

我们不可能逃避死亡，事实上，我们每天都在迎向它。

但是对于死亡，我们并非完全无能为力，并非没有选择。

我们不能选择自己死或不死，但我们却能选择如何看待死亡。

　　我有时觉得，生命似乎就是装在身体这个皮囊中的一团精神，死亡就是精神离开了这个皮囊，飘散到皮囊之外的无限时空之中。时间平稳地将我们每一个人从摇篮推向坟墓，生命中的每一天、每一分钟、每一秒，其实我们都在变老，都在趋近死亡，在这一过程中我们身体内的那团精神正在一点一滴地从皮囊内流溢到皮囊之外，人的"精气神"正在逐渐向空气中散去，直到人的最后一丝气息通过呼吸从身体中输出，我们就完成了这一段生命的历程。这就像水以极其缓慢的速度从一个圆形的容器倾倒入另一个方形的容器，直到圆形容器中的最后一滴水滑入那个方形容器；也像沙漏中的沙粒不紧不慢却片刻不停地一颗一颗往下坠落，直到上方的最后一颗沙粒正正好好静立在下方的沙堆顶端。其实，在两个容器中流动的水总量并没有发生改变，改变的只是水的形状，从圆形变成了方形；沙粒的总数也是一样，不同的只是沙粒的位置。那么生命的运行是否与之类似？从生到死，我们生命的过程就是我们的精神从身体中极为平缓却又持续不断地往外逸散，它的总量是恒定的，只是从集聚在某一个有形的"身体"中的一团浓郁，弥散为空间中的无边无际。换言之，我们的生命没有因为死亡而消失，只是发生了一些常人无法理解的转变，从可见的变成了不可见的、从有形的变成无形的而已。

　　这就像完整的一天既有白昼也有黑夜，黑夜的到来并没有真正结束一天，而是以不同于白昼的另一种形式和状态继续着这一天。这让我想起了《歌德谈话录》中的一个片段：当歌德预见到自己将不久于人世，他告诉了他的朋友和学生艾克曼，艾克曼十分难过，歌德于是告诉他，不用难过，死亡对于我而言不是我在宇宙中消失，不过是我以此一种能量存在形式转化为另一种能量存在形式，某种程度上，是我从肉体的束缚中解脱，得以弥漫于无限时空———一种更自由的存在状态和更无处不在的存在感。当我读到歌德面对死亡时这种令人崇敬的豪迈与大气，我觉得死亡不能威胁到他，因为他高于死亡，所以他不朽。

看不见的，不一定不存在

法国电影《然后》中有一个情节令我印象深刻。那是一对父女之间的对话，女儿10岁左右，对话关于死亡，因为父亲知道自己的妻子、女儿的母亲很快会死去。

他问女儿："对于死亡，你知道些什么？"

女儿很自信地说："我知道，在我们死后，我们被埋葬到泥土里，在地底下，有鼻涕虫，这些鼻涕虫一点点把我们吃掉，然后我们就不存在了。"

父亲笑了笑："是啊，科学上是这么说的。但是你知道我是怎么想的吗？你想让我告诉你吗？"

女儿说："说吧。"

父亲回答："我想，我们不会消失。当我们死后，我们不存在了，又或许我们会更好地存在着。你知道我为什么这么想吗？当你看见一艘船渐渐地消失在海面上……你见过船渐渐地在远处消失吧？当一艘船消失了，我们看不见它了，但我们能说它就不存在了吗？"

女儿回答："不能。"

父亲继续说："是啊，所以我觉得死亡也是同样的道理。就像是生命出于某些原因渐渐地远离我们，虽然我们的眼睛看不见它了，然而它却依然存在着。"女儿似懂非懂地点点头，眼神中多了一份释然。

也许，我们当中很多人对死亡的看法，就像那个10岁的女儿所解释的那样：死去、掩埋、腐坏、消失……阴森恐怖。

但是也有一些人看待死亡就和这位父亲一样，对他而言，死亡是生命进入另一种存在形式，抵达另一重存在界面。就像他说的，大海上的航船驶向远方，离开了我们的视线，但它们并没有离开这个世界。我们看不见它们了，但它们依旧存在。死亡也是一样，人们离开了我们的视线，但他们依然存在，以一种我们看不见的方式存在。

当时听完这父女俩的对话，我感到如释重负，但是心里似乎还有一些疑问盘旋萦绕、挥之不去，于是我想象着他们俩之间的对话在继续——

女儿追问："航船还会回来，可是死去的人为什么从不回来我们身边？"

父亲说："因为他们去的地方比这里更美好，所以他们不愿意回来。但是我们还会见到他们的，因为我们也正在往那个地方去，而他们在那里等着我们，最后我们与他们将在那个更美好的地方重逢团聚。"

想到这里，我脑海中的对话才真正得以终止。因为对我而言，逻辑似乎已变得顺畅，使我自己觉得合理而信服了。

无知催生恐惧

我们没有谁真正经历过死亡、没有谁敢说真正明白什么是死亡，但是既然它是一件难以逃避的事情，是自然赋予我们的无可选择的必然归宿，那就必有其道理、必有其深意。就像自然给了我们眼睛，它们为我们寻找光明；自然给了我们牙齿，协助我们饮食；自然给了我们五脏六腑，使它们分工掌管我们身体的各项机能。那么自然最后给了我们死亡，正如她最初给予我们生命，其中总有其美意。

古希腊哲学家说"干扰我们的，不是事物本身，而是我们对事物的看法"，我深感认同。或许死亡原本不是什么可怕的事情，真正使我们惶恐不安的是我们对死亡的无知及由此带来的恐惧。无论是神还是鬼，我们对未知的事物总是饱含恐惧，而恐惧驱散了我们的理智，也影响了我们的判断。在"死亡是什么"这个问题上，人人无知因而人人平等，没有人堪称权威。我们只是明白一点：我们不可能逃避它，事实上，我们每天都在迎向它。但是对于死亡，我们并非完全无能为力、只能束以待毙，我们并非没有选择。确实，我们不能选择自己死或不死，但我们却能选择自己如何看待死亡——选择对它视而不见，自欺欺人地当它不存在，还是选择正视它、心平气和地与它和解，接受这迟早会发生的事实；选择忍受它，将它视为悬在人生之路的上方、时时可能坠落的巨石，还是选择享受它，就像酒足饭饱的盛宴之后，我们终要离席；选择做三楼的人，把它当成那座不可翻越的大山、为之哀愁痛苦，还是选择努力地拾级而上，攀爬到精神境界的更高层，做那个十楼的人，超越它的高度、摆脱它的威慑。它只是生命之河流淌过程中的一个环节，它是一条道路的尽头，又是另一条道路的开端。

我们选择如何看待死亡，决定了死亡对我们而言意味着什么。当我们躲避它、恐惧它，它就越发阴魂不散、令人毛骨悚然；当我们直面它、理解它、发自内心宽容它、接受它，它也就像一年中的春夏秋冬、一季中的雨雾阴晴一样，成了一个再自然不过的过程，不声不响地过渡到下一个尚不为人知的阶段。四季如此，气候如此、潮起潮落如此、日月升降如此，生命既在自然万物之中，亦当如是，"流年周而复始，终古循环不已"[25]。

与其计较生命的长短，不如让有限的生命充实丰满

我们为什么那么惧怕死亡？或许我们真正惧怕的是"空虚"。"死亡"让我们难以安适，使我们无法忍受，或许就是因为在很多人看来，"死亡"就意味着"自我"的彻底消散，自己化为"虚无"？我们不能想象，"我"随风而逝，从此世上没有了这个"我"，"我"不存在了？我们害怕空虚，也害怕死亡，而我们对死亡的害怕是不是正因为我们觉得那将是永恒的"空虚"？

若果真如此，消除"空虚"就比超越"死亡"更为关键。或者说，与其煞费苦心却徒劳无功地去计较生命的长短，不如去沉思如何使用我们有限的生命，使之绝不空虚，这意义显得更为重大。

对于那些精神世界充实丰富的人而言，他们尽力创造着并享用着生活中每一刻的收获和欢乐，使之了无遗憾、心满意足。当然，他们并不期待死亡，也不热爱死亡，但是他们也不惧怕死亡，安然面对死亡，他们甚至对死亡心怀感恩，因为死亡没有切断他们这幸福的此刻，死亡没有阻挡他们当下胸腔里

流淌的深情款款，即使死亡意外地到来，要将他们带走，他们也无怨无悔，因为生命业已如此精彩，最终他们在爱中离开，也因爱而永生。

　　我由此想到了伟大的法国作家雨果，他得知他的挚友、同是法国文学大师的大仲马离世的消息，但由于自己的孩子正身染重病，一刻也不能离开，他无法亲自参加大仲马的葬礼。于是他写信向大仲马寄予追思，信的末尾大致如此："过不了多少日子，我就能做眼下我做不了的事，我会独自来到你安息的地方。你在我流亡时对我的造访，我会到你的坟墓里回访。"[26]

Part **7**

感恩心、忏悔心、好奇心

　　"恩惠"二字植根于"心"，与之相对应的"感恩"二字底下也是"心"，这就在暗示着我们，真正的恩惠是他人发自内心的善意，所以真正的感恩也当以自我发乎于心的诚挚感激相回馈。

"感恩"二字内涵丰富、意味深沉，
它需要我们学会接受温情与关爱，
同时需要我们学会传递温情，奉献我们的爱。

最好的感恩，是接受爱、传递爱

对一切善意心怀感恩

我们为什么要感恩？——因为他人有权对我们保持冷漠，有权认为我们不重要，有权拒绝为我们提供服务，然而他人没有使用这些权利。

坦率地说，生命生而平等，我们没有谁真正高人一等，也不见得具有什么先天的优越性，他人完全可以不拿我们当回事，完全可以无视我们所需要的帮助，完全可以不向我们大开方便之门，他们的确有这个权利，尤其当他们有这个能力的时候。所以，来自他人的每一份关爱、每一个帮助，甚至每一丝微笑都倾注了他对我们付出的情感、牺牲的时间精力和心中的善意，那并不是我们生而应得的，而是他人自发的礼遇或在紧要关头对我们的格外开恩。所以我们应当对我们得到的礼遇心怀感激，对我们领受的幸运充满感恩。

只有当我们意识到他人对我们的善待不是天经地义、理所当然的事情时，只有当我们不安于受惠于人时，我们的感恩心才会在不知不觉中油然而生。所以，感恩之心不属于自恋者，不属于那些无法客观公正评价自己的人，不属于那些难以用平常心看待自己、将自己与旁人一视同仁的人。当我们眼中看到的自己毫无疑问就是比他人更高、更优越、更配得上特权，那时我们也就必然陷入了深深的"自恋"而忘却了对他人的善意报以感激，对命运的善意心怀感恩。

这里的"他人"指的不仅是从我们的生活中偶然擦肩而过的路人，或者那些只是有过数面之缘的陌生人——我们像台球似的在短暂的碰撞之后各奔东西。"他人"也包括我们的亲人、挚友，还有爱人。

"我"是如此幸运

人类的精神恰如人类的视觉，常常非此即彼、偏离中道，陷入要么近视眼、要么远视眼的极端状态。"近视眼"就意味着一个人只看得见一己之私，缺乏远见，只关注自我的得失而对稍远一点的他人、社会、下一代毫无关怀、毫无担当。"远视眼"则意味着一个人往往铭记来自陌生人的善意和帮助，对此千恩万谢、心存歉疚，却对家人、爱人朝朝暮暮、点点滴滴的奉献视若无睹、格外健忘，反倒是念念不忘家人种种的不周到，或对在爱人那里受到的大大小小各种委屈耿耿于怀、心存怨气，一旦发生口角或争执，激烈的控诉便如山洪暴发般倾泻而出，对对方的缺点如数家珍，将对方斥责得一无是处。就像家人天天为我们熬药并端药到我们的床边，我们习以为常，偶尔有一天让我们下床自己熬药、自己端药，我们倒会生出许多不满与埋怨来。

　　小时候，我们习惯了用家里最好的东西，久而久之，就以为那是规则、是规律、是必须、是无可争议的公理，其实说到底，只是缘于家人因爱而谦让，那不是因为我们本身有多么善良、多么美好、多么值得家人为我们如此奉献，而只是因为我们是多么幸运，幸运地降生在这个有爱的家庭里，幸运地拥有这样一双善良、美好而愿意为我们奉献的父母。事实上，并不是每一个人都能享受这样的好运气，有些孩子从小就失去了父亲或母亲，他不要任何的好东西，只要有一点父爱或母爱就深感满足；有些孩子并不是降生在众人的祝福中，生而无辜，却背负重担；有些孩子生下来不久，父母便双双出远门打工谋生，数十年不回家，他从不知道与父母一边一个手拉手是怎样的妙不可言……扪心自问，我们凭什么四体不勤却衣食无忧？凭什么不劳而获，坐享父母之所成？我们凭什么付出很少，却收获很多？要知道，能被家人关爱着，能有家人让我们发脾气，能有人希望分担我们生活起伏时的喜怒哀乐，那是多好的命，我们的所作所为、所思所想真的配得上他人这样无微不至的关照与爱护吗？

对自己得到的一切不知感恩的人，不配得到任何东西。

付出，是一种富有

那么该如何感恩呢？——感恩不只是言谢，更在于铭记于心，落实于行。"言谢"二字终究基于"言"，那是口舌之谢，却未见得铭感五内、深入骨髓。"恩惠"二字植根于"心"，与之相对应的"感恩"二字底下也是"心"，这就在暗示着我们，真正的恩惠是他人发自内心的善意，所以真正的感恩也当以自我发乎于心的诚挚感激相回馈。就像俗话说的"大恩不言谢"，并不是说我们对那些施恩于我们的人、那些主动与我们共同担当生活重负的人，不应该说一声"谢谢"，而是说单是嘴上的"谢谢"太过随意、太过轻巧，无论说多少遍，无论说得多么真挚感人，这口头的发音终究不足以与对方的情义和付出相提并论。"谢谢"之所以成为一种美好的礼貌，就因为它是用诚心诚意去回应他人的好心好意，以庄肃的敬重迎对真实的友善，这"礼"萌生于一个人的道德修养，而绝不是敷衍，不是做作、不是口头禅，不求装扮自己的"知书达礼"之"貌"，也不是用这一句话来偿还人情，借此一笔勾销他人对自己的关照。所谓"礼貌"，"礼"是精神实质，"貌"是表达形式。言语的"谢谢"若不是发自内心的"敬礼"，那么就只剩下流于表面的"外貌"，那也就算不得什么美好的礼貌了。

同时，感恩不必急于回报，否则他人的美善反倒被我们当成了一种心头的负担。他人的好意反倒成了我们寝食难安的亏欠。"接受并给予善意"，或许才是真正的感恩之举。对于他人发出的善意，我们应当恭敬地接受，铭记于心，并且从自我出发，尽心尽力给予他人善意，输出给更多人善意，更广阔地传播善的种子。接受爱，享受爱，并传递爱，才是感恩的王道。这个过程欢乐而坦然，平和而忠诚。

"恩"基于情义。施恩不求报偿，感恩不为还债。这不是生意场上的等价交换。所以真正的感恩之心从不问"取"与"舍"是否持平对等。这也就是我们中国人为什么常说"受人点滴之恩，当涌泉相报"的原因。所谓"点滴之恩"，只是施恩者发自内心的宽宏自谦，自问不过是举手之劳，而不应是"受恩者"对好处收益的斤斤计较；同样，所谓"涌泉之报"，当是"受恩者"以德报恩、恩恩相报的自发报答，不应出自"施恩者"的索取之念。而感恩者"涌泉相报"的对象，往往不只是那个善待自己的恩人，源源不断的泉涌之下，会常常惠及更多的近人、远人、陌生人。在这个世界上，感恩之情是善的推动者。

"感恩"二字内涵丰富、意味深沉，它需要我们学会接受温情与关爱，那不代表"软弱"，同时需要我们学会传递温情，奉献我们的爱，那不是一种"丧失"。能付出，是一种富有；能付出得越多，就越富有；别人从我们这里得到得越多，我们越伟大。

希望我们生活在哪里，善就在哪里生根。不论我们遭遇如何，或者失去了多少，希望我们最后心里还有爱。若真是如此，那该多么值得感恩。

心若有愧，永断不作

忏悔源于知耻：知道自己做了卑劣的事情，或者由于自己直接或间接的原因造成了对无辜者的伤害，因而无法原谅自己，难以释怀。

每一次诚挚的忏悔，都是一次灵魂的重生。真正的忏悔包含了两个层面。首先就是"认错"：坦承自己的过错，不做辩解、不找借口。事实上，错了就是错了，不管我们怎么解释，不论我们多么无可奈何，错并不会因为我们如何解释而变成对的。对别人造成的烦恼和伤害，也并不因为我们给出了一个合理解释而一笔勾销。一个人没有麻烦别人、伤害别人、干扰他人生活的特权，即使这里的"别人""他人"是我们的亲人、朋友、爱人。这几乎是人与人之间最基本的一种尊重。由于自己的懒惰或粗心大意给别人添麻烦，是一件可耻的事情。

"认错"不是一种口头的承认，不仅仅是"对不起""我错了""以后我不会再犯了"之类的告白，而是发自内心地对被你伤害的人深感歉意，更是对自我品格之不善的自哀，因而心生悔意。这样的"认错"不只是给被伤害者一个交代、给公众一个说法，更是给自己的一个严重警告、对自己的一种无情批判。

对于一些品德高尚的人而言，当他们对别人造成了伤害，他们作为施害者会比受害者本人更加不安和痛苦。正如一位参加二战的德国将军曾这样哀叹："千年易过，德国所承担的历史罪责却难以磨灭。"真正的忏悔是对自己之恶行的放不下、不原谅，是对自我之人性的失望与不复信任。在我能想到的所有个人情感中，"内疚感"恐怕就是其中最折磨人的一种，那是自我理性的追问与谴责、自我良心的不得安宁，这或许是对一个人的精神所能实施的最严酷的惩罚。尤其当伤害追悔莫及时，内疚感往往会追随人的一生，阴魂不散。这个时候，受到责罚不但不会增加我们的痛苦，反倒成全了我们的赎罪，以帮助我们找回内心久违的清明安和。1970年联邦德国总理勃兰特在访问波兰的第二天，前往华沙犹太区起义纪念碑献花，随后他出人意料地在台阶上对着纪念碑下跪。当时的全世界人，包括德国人和犹太人都为之震惊。有些人认为他没有必要下跪，因为他并没有参与二战的杀戮。诚然，那一跪不能使历史倒退到二战之前，也不能换回那么多无辜者的生命，但与那对膝盖同时跪下的是大多数德国人蓄积已久的负罪感、无可辩解的认罪和真诚的忏悔。勃兰特是在尽一己之力为德国赎罪，是用德国公然的"尊严扫地"来减轻德国人长久以来无以平复的灵魂不安。而他这掷地有声的一跪不但为他赢得了人们的尊敬，也争取到了受难者对德国的原谅。

忏悔的另一层重要含义是行动的决绝。那是一种端其心而落其行的果敢与断然。"忏悔"不是我们看到的电影中的那些搞笑情节：找个教堂，对着某位神父泪流满面地悔过，痛斥自己的种种恶行，恳求神父代表上帝、代表老天爷对自己的罪行予以赦免。结束之后，欢欢喜喜地离开，继续作恶。"忏悔"也不是我们日常生活中所理解的烧高香、盖寺庙、为佛像贴金，以此来补足自己的缺德、填平自己的"亏心"。"忏悔"不是走形式、不是作秀，也不是用重金收买宽恕，而是悔恨不已、痛改前非。就像《六祖坛经》所说"何名忏悔？忏者终身不为……永断不作，名为忏悔"。

"忏悔"二字皆是出于真心，心中有愧，永断不作。

你好，好奇心

我们很多人都渴望自己能够聪明智慧，或是能上通天文、下晓地理、博闻广识，或是能在某一个领域内、某一个问题上具有超乎寻常的洞见、胜人一筹的悟性。前者能使我们有开阔的眼界，后者能使我们富有深度。如果我们自己做不到，那么我们常常希望我们的下一代尽可能做到，至少从我身边朋友的情况来看是这样的。于是我们就产生了这样一个疑问：怎么样才能更聪慧更明智？

《中庸》里有这么一句话：好学近乎知。换言之，真知灼见始于好学。对我们而言，这算不上什么新奇的道理或者特别的诀窍，倒更像是一盆从头浇下的冷水。谁都知道"好学"的重要性，可是难就难在好学不起来。《论语》说"知之者不如好之者，好之者不如乐之者"。"知"已然不易，"好知"就更难了。对大多数人来说，学习是一件辛苦的事，要让自己不但努力学习，还要爱好学习，以学习为乐就显得更加不近人情、不合常理了。比起好逸恶劳、贪财好色、逞强好胜，好酒贪杯、游手好闲这些随性而自然之"好","好学"之"好"
何其无趣、何其磨人、何其莫名其妙。都说了"学海无涯苦作
舟",除非出于无可奈何而苦中作乐,否则谁会主动热情地投
奔学海之苦,谁又会享受这种自虐式的癖好?

使人好学求知的秘密

但是,我们也知道,世上确实存在很多好学的人,而且这
些好学者确如《论语》预言的那样最后成了智者。可以说,
几乎一切伟人,无论古今中外,的确都是好学之人。那么他们
的"好学"秘诀究竟是什么?

使人变得求知好学的神秘咒语恐怕就是爱因斯坦所说的人
类"神圣的好奇心"。那个能够"把未知变成已知、将无知转
化为有用"的最初的原始驱动力、最关键的一个环节——就是
人的好奇心。活泼灵动的好奇心激发了人的觉悟。

那么好奇心到底是什么? ——一个问题! 一个让自己食
不下咽、睡不安枕的问题,一个自己忍不住打破沙锅问到底的
问题,一个引起了自己极大的探索欲的问题。这个问题牵动着
我们的每一根神经,激活了我们的每一个细胞,使我们磨锐了

我们知道的东西越多，
就会发现有更多东西是我们所不知道的。
我们不知道的远比我们知道的要多得多。

浑身的感觉系统，试图从一切生活细节中挖掘线索，从每一张经过我们身边的人的面孔上寻求答案。我们被这样一个问题驱赶着去寻寻觅觅，四处追捕灵感，从相关的书本里，从无关的书籍中，从与他人的探讨中，从独自的沉思中，从梦境的罅隙里，从旁人一句吆喝里，从路边的一朵小花里，从偶尔飞过的一只蜜蜂的嗡嗡声里……这个过程煎熬而过瘾，有点像恋爱，挠得人心痒痒，却无计可施又无力摆脱。如果我们把恋爱阶段称为"求爱"，那么这个追寻答案的过程就是"求知""好学"。

终于，"皇天不负有心人"，个人的勤奋加上天赋的运气，帮助我们一半必然、一半偶然地得到了那个问题的答案，我们欣喜若狂，这种喜悦大概只能与求爱成功时的心花怒放相提并论了。不过，这样的过程不是一个单向的箭头，在我们找到了想要的答案的同时，在我们求知好学的过程中，我们又接触到了更多的东西，我们以前闻所未闻的东西，于是某一个未知的对象又向我们招手，唤醒潜伏在我们脑海中的一个个问号，诱惑着我们的好奇心，于是求知欲又将我们引上了"探索"之路……从这一个未知走向这一个已知，却引爆了更多个未知……如此循环往复、周而复始……就像这个简单的图式表示的那样：

好 奇 心 → 产生问题

   ↑   ↓

获 得 答 案 ← 寻 求 答 案（求 知 好 学）

我只知道，我什么都不知道

哲学家苏格拉底对自己做过一个富有辩证色彩的概括：
"我只知道一件事，那就是我什么都不知道。"——我知道我
不知道——假如我们画一个圆，圆内代表我们知道的知识，圆
外是我们所不知道的东西，那么我们知道得越多，这个圆就越
大，而圆画得越大，它与外界的接触面也就越大。也就是说我
们知道的东西越多，就会发现有更多东西是我们所不知道的，
我们不知道的远比我们知道的要多得多。换言之，已知越多，
未知越多。循着这个螺旋式上升的渐进过程，人的知识高度不
断向着更高处攀升，同时另一件事发生了——人类文明随之迅
猛发展，包括科技，也包含人文。

所以，进步源于好学，好学源于好奇，好奇源于一个问
题。"提出一个问题，往往比解决一个问题更重要。"[27]

比如科学之源，即是一个问题——世界是由什么组成的？

宇宙最基本的物质是什么？围绕着这一个问题，出现了古希腊的第一位有史可查的哲学家，被誉为"科学与哲学之祖"的泰勒斯，他观察生活中的一切，发现万物都离不开水的滋养，依靠水而生存，于是认为世界的本原是水，"水是万物的始基"，是世界初始的最基本元素。而古希腊自然哲学的集大成者亚里士多德对于世界本原的理解则是他的"四因说"：万物普遍有四个因素——形式、质料、动力、目的。对于这同一个问题的好奇心，也催生了中国哲学中的"五行八卦"：万物的形成都离不开金、木、水、火、土五种基质，宇宙的运行则遵循乾、坤、巽、兑、艮、震、离、坎这一系列卦象的排列组合。

这一个"世界的本质是什么"的问题，激发了人们对于我们生活于其中的这个世界的探索，也一不小心启动了科学发展的里程。

再如宗教、哲学、信仰，似乎也是源于某一个问题——人终有生老病死，人每天都在走向死亡，那么人为什么而活？古希腊哲学家柏拉图说："哲学就是在精神上不断地练习死亡。"也就是说用哲学思考使自己在向死之境中不断提升精神境界，从而超越死亡。这种超越不是让我们可以不死，而是让我们可以平静而坦然地面对死亡，然后自由而欢乐地迎向生活。"死亡"提出的这一个问题，挑战了、也考验了人类的心灵力量和内在智慧。

又如医学可能是源于一个人想了解自己的身体，想了解作为一个人的生理构成。一位医学院的前辈上课时对她的学生说："作为一个人，能有机会了解自己的身体，是十分幸运的。"这是一个人对自己的好奇心，对自己与生俱来的身体的好奇心，对一辈子承载着自己的思想与情感、爱与恨的这样一个生命容器的好奇心。而"心理学"大概就是源于一个相似的问题——了解自己的精神，潜入自己深层的意识领域，探索内心世界的秘密。

人类神圣的好奇心

爱因斯坦说："我没有特别的天分，只是好奇心十分强烈而已。"这"神圣的好奇心"是一株脆弱的嫩苗，它是很容易夭折的。不说别人，就说这位大物理学家本人，他竟也有过好奇心险遭夭折的经历。爱因斯坦回忆说，他17岁进入苏黎世工业大学，为了应付考试，不得不把许多废物塞进自己的脑袋，其结果是在考试后的整整一年里，他对任何科学问题的思考都失去了兴趣。鉴于这个经历，他如此感叹道："现代的教学方法竟然还没有把研究问题的神圣好奇心完全扼杀掉，真可以说是一个奇迹。"

好奇心必然会激发一个人的好学。如果有一个问题使你感到好奇，却没有激起你进一步的求知欲，那么这个问题并没有真正点燃你的好奇心，它或许只是暂时驱散了你的乏味，但你的好奇心没有真正着火。着火的好奇心才是强烈的好奇心，才是好奇心的神圣之处——它催人求知、欲罢不能。好奇心充满热情，与惰性或慵懒没有关系。

我的一个朋友之所以走上人类学的学习道路，就始于她对"洪水"传说产生的极大好奇：世界上很多民族、国家都有着"大洪水"的传说，除了《圣经》中的诺亚方舟和鸽子的故事，在美索不达米亚、希腊、印度、中国、玛雅等文明中，都有洪水灭世的传说。随着世界各地重新认识他们过去的文化和传说，大家发现这个"大洪水"传说竟然在世界各地都有流传。而在那个久远的年代，文化与文化之间的沟通远不像今天这样容易和频繁。为什么会有这样的巧合呢？

常给精神洗洗澡

"好学近乎知。"在任何时候都不要丢失了我们的好奇心。随着年龄的增长，好奇心很容易淡褪，就像爱因斯坦说的，它是很容易夭折的。当我们对什么都不再感到好奇的时候，我们就真的衰老了。

人的生理发展依赖于身体细胞的新陈代谢，但是人的生命不仅仅是生理，还有心理；不仅仅是身体的，也是精神的。正是好奇心的涌动促进我们的精神像我们的身体细胞一样新陈代谢。好奇心的夭折，即是精神生命的夭折。当我们丢失了活泼的好奇心，也就丧失了精神生命自我更新的活力。"流水不腐户枢不蠹"，缺少了好奇心的调皮捣蛋，我们的精神生命会因为没有了活力而停止奔腾流淌，最后成为沉淀着废物和垃圾的臭水沟，成为暮气沉沉、浑浊不堪的死水一潭。

商汤王在自己的澡盆上刻了一句箴言"苟日新，日日新，又日新"——每每洗澡时，提醒自己：外洗身，内洗心——每天焕然一新。其实，我们的身体细胞每天都有死亡，都有新生，所以我们的身体确实每天都在更新。

小时候我们看武侠书时，常常会读到这样的情节：修习上乘武功，必须全神贯注，身心合一，否则一旦身心分裂，就容易"走火入魔"。可见，人的身体与精神本是一体，应当相互配套、同步发展。如果我们的身体随着细胞代谢而日新月异，而我们的精神却拖沓不前、日渐陈旧，那么我们也像练武之人一样，非但不可能修成上乘的人生功夫——始终对生活充满热情、纯真而欢乐；搞不好还会因为这样的身心分裂而"走火入魔"——对生活厌倦疲惫，心情麻木抑郁。所以我们的精神更新应当与身体更新基本持平，身心若能保证这样的齐头并进，才是真正的身心和谐，自我才真正实现了身心的动态平衡。

不要轻视那株被爱因斯坦称为"脆弱而神圣"的好奇心，精神唯有在好奇心的驱动下好学求知，才能通达"苟日新，日日新，又日新"。如此，我们用心去看的这个世界便总是一片新天地，而我们的每一天也都将是一次重生。

后　记

　　此书收录了我2008年在复旦大学道德教育领域从教至今的一些思想心得。

　　作为教师，同时作为一个生活中的人，我尝试着用自己熟悉的哲学的理性思维方式以及信仰的超越性情怀，尽力为青年学生答疑解惑，其中有一些知识上的信息传递，也有一些生命体验上的分享。阅读过程中，如果能使人在迷境之中更多一份直面迷境的勇气、更多一点与迷境和解的安适与平静、更多一些超越迷境的希望，那将是一件值得庆祝的美事。

　　感谢我的师长与前辈、复旦大学的高国希教授，对此书的写作出版给予了宝贵的鼓励与支持。

陈果

2016年8月

尾　注

1 （自序P3）　东晋诗人陶渊明《挽歌》

2 （P8）　法国思想家蒙田《我不愿树立雕像》

3 （P17）　当代作家周国平《尼采——在世纪的转折点上》

4 （P18）　当代作家周国平《尼采——在世纪的转折点上》

5 （P24）　美国思想家爱默生《论孤独》

6 （P52）　雨果写给女演员朱丽叶·德鲁埃的情书

7 （P52）　古希腊哲学家亚里士多德《尼科马亥伦理学》

8 （P53）　古希腊哲学家亚里士多德《尼科马亥伦理学》

9 （P58）　法国诗人波德莱尔的名言

10 （P63）　古希腊哲学家赫拉克利特的名言

11 （P74）　诺贝尔和平奖获得者特蕾莎修女的演说《不管怎样》

12 （P82）　美国思想家爱默生《论人生》

13 （P110）德国作家爱克曼《歌德谈话录》

14 （P111）法国思想家卢梭的名言："人生而自由，却无往不在枷锁之中。"

15 （P111）德国哲学家康德的名言

16 （P118）启发自尼采的名言："你应该超越自己，走得更远，登得更高，直至群星在你脚下。"

17 （P120）国学大师梁漱溟《人心与人生》

18 （P122）美国哈佛大学哈佛学院前院长哈瑞·刘易斯《失去灵魂的卓越》

19 （P124）德国牧师马丁·尼莫拉的忏悔，美国波士顿犹太人屠杀纪念碑碑文

20 （P124）一位法国哲学家的名言

21 （P162）古罗马皇帝奥勒留《沉思录》

22 （P163）明代文学家陈继儒《小窗幽记》

23 （P168）英国诗人威廉·布莱克《天真的预言》。原文：To see a world in a grain of sand, and a heaven in a wild flower. Hold infinity in the palm of your hand, And eternity in an hour.

24 （P171）奥地利哲学家维特根斯坦《哲学笔记》

25 （P182）古希腊诗人维琪尔的诗句，引自法国思想家蒙田《我不愿树立雕像》

26 （P184）法国作家雨果《雨果散文选》

27 （P200）犹太裔物理学家爱因斯坦的名言

马上扫二维码，关注"**熊猫君**"

和千万读者一起成长吧！

图书在版编目（CIP）数据

好的孤独 / 陈果著. — 南京：江苏凤凰文艺出版
社, 2017. 4

ISBN 978-7-5594-0100-7

Ⅰ.①好… Ⅱ.①陈… Ⅲ.①人生哲学—通俗读物
Ⅳ.①B821-49

中国版本图书馆CIP数据核字（2017）第057746号

书　　名	好的孤独	
著　　者	陈果	
责任编辑	丁小卉　姚　丽	
特邀编辑	周　喆　盛　亮	
责任监制	刘　巍　江伟明	
策　　划	读客文化	
版　　权	读客文化	
封面设计	读客文化　021-33608311	
出版发行	江苏凤凰文艺出版社	
出版社地址	南京市中央路165号，邮编：210009	
出版社网址	http://www.jswenyi.com	
印　　刷	北京中科印刷有限公司	
开　　本	880mm x 1230mm 1/32	
印　　张	7	
字　　数	125千	
版　　次	2017年4月第1版　2019年2月第18次印刷	
标准书号	ISBN 978-7-5594-0100-7	
定　　价	36.00元	

如有印刷、装订质量问题，请致电010-87681002（免费更换，邮寄到付）